Markus Reiter hat inzwischen fast zwei Dutzend Zeitungen und Zeitschriften beim Launch oder Relaunch begleitet. Er ist Medienberater und betreibt das Büro »Klardeutsch« in Stuttgart. Reiter war stellvertretender Chefredakteur von »Reader's Digest Deutschland« und Redakteur der FAZ.

Eva-Maria Waas arbeitet als Grafikdesignerin in Stuttgart. Sie hat sich auf Zeitschriften- und Zeitungsgestaltung spezialisiert und bereits zahlreiche Objekte entwickelt und relauncht.

Markus Reiter
Eva-Maria Waas

Der Relaunch

Zeitung – Zeitschrift – Internet

UVK Verlagsgesellschaft mbH

Praktischer Journalismus
Band 79

Bibliografische Information der Deutschen Nationalbibliothek
Die Deutsche Nationalbibliothek verzeichnet diese Publikation in der
Deutschen Nationalbibliografie; detaillierte bibliografische Daten sind im
Internet über http://dnb.d-nb.de abrufbar.

ISSN 1617-3570
ISBN 978-3-86764-040-4

Das Werk einschließlich aller seiner Teile ist urheberrechtlich geschützt.
Jede Verwertung außerhalb der engen Grenzen des Urheberrechtsgesetzes ist
ohne Zustimmung des Verlages unzulässig und strafbar. Das gilt insbesondere für Vervielfältigungen, Übersetzungen, Mikroverfilmungen und die Einspeicherung und Verarbeitung in elektronischen Systemen.

© UVK Verlagsgesellschaft mbH, Konstanz 2009

Einbandgestaltung: Susanne Fuellhaas, Konstanz
Titelfoto: Istock Inc.
Satz: Eva-Maria Waas, Stuttgart
Korrektorat: Artur Göser, Stockach
Druck: fgb · freiburger graphische betriebe, Freiburg

UVK Verlagsgesellschaft mbH
Schützenstr. 24 · D-78462 Konstanz
Tel.: 07531-9053-0 · Fax: 07531-9053-98
www.uvk.de

Inhalt

Vorwort 7

1 Einleitung – Warum Relaunch? 9
1.1 Medienwelt im Umbruch 9
1.2 Verändertes Leseverhalten und neue Medienrezeption 12
1.3 Wirtschaftliche Zwänge 15
1.4 Was macht Qualität aus? 17
1.5 Ausgangssituationen beim Relaunch 22

2 Die Marke im Markt und bei den Nutzern 25
2.1 Die Marke aus Lesersicht 26
2.2 Die Marke aus Sicht der Redaktion 43
2.3 Weiterentwicklung der Marke 47

3 In sieben Schritten zum Relaunch 53

4 Typische Schwachpunkte 63
4.1 Kurztexte 64
4.2 Artikel ohne Küchenzuruf 67
4.3 Berichtslastigkeit 68
4.4 Fehlen von Schwerpunkten 70
4.5 Mangelnde Dramaturgie 72
4.6 PR-Lastigkeit 73
4.7 Fehlende Emotionen und Geschichten 75

5 Wie muss zeitgemäße Gestaltung aussehen? 79
5.1 Funktionalität 79
5.2 Zielgruppenentsprechung 80
5.3 Markenidentität 81

6	**Zeitungsrelaunch**	**83**
6.1	Zeitungsaufbau	83
6.2	Zeitungsformate	114
6.3	Farbe in der Zeitung	116
6.4	Artikel und ihre Gestaltung	118
6.5	Schriften	120
6.6	Raster/Spalten	123
6.7	Rubriken und Wochenendbeilage	127
6.8	Gestaltungselemente	130
6.9	Praxisberichte	132
7	**Zeitschriftenrelaunch**	**145**
7.1	Titelseite	152
7.2	Editorial	162
7.3	Inhaltsverzeichnis	163
7.4	Magazin-Teil	167
7.5	Aufmacherseiten	171
7.6	Fließtext und Folgeseiten	177
7.7	Rausschmeißer und Vorschau	181
8	**Online-Relaunch**	**191**
8.1	Inhalte	198
8.2	Startseite	199
8.3	Innenseiten	202
8.4	Kriterien für Textgestaltung	205
9	**Kommunikation von Relaunches**	**211**
9.1	Kommunikation in der Redaktion	211
9.2	Kommunikation gegenüber dem Leser	215
10	**Nach dem Relaunch ist vor dem Relaunch**	**217**
	Literatur	219
	Index	221

Vorwort

Alle Zeitungen, Zeitschriften und Websites stehen regelmäßig vor der Frage: Wie rüsten wir unser Produkt für den Medienwandel? Was müssen wir tun, um in Zukunft die Gunst unserer Leserinnen und Leser zu erhalten? Wie muss unser Produkt dazu aussehen und welche Inhalte muss es bieten?

Viele Verlage, Redaktionen und Online-Anbieter warten leider zu lange, bis sie diese Fragen beantworten. Dieses Buch soll helfen, einen Relaunch zu planen. Wir haben uns bemüht, ausführlich auf viele Probleme einzugehen, die im Laufe eines Relaunchprozesses vor allem auf die Redaktion zukommen. Die grafischen und journalistischen Aufgaben standen dabei im Vordergrund. Uns ist klar, dass auch das Marketing, die Anzeigenabteilung und der Vertrieb in den Relaunch eingebunden werden müssen. Wie wir an anderer Stelle in diesem Buch begründen, raten wir ohnehin nicht dazu, einen Relaunch im Do-it-yourself-Verfahren durchzuziehen. Die Hinweise und Beispiele in diesem Buch helfen vor allem, einen Relaunchprozess richtig in Angriff zu nehmen und zu beurteilen, ob alle wichtigen Aspekte aus journalistischer und grafischer Perspektive beachtet worden sind.

Wir profitieren dabei von unseren Erfahrungen, die wir bei mehr als zwei Dutzend Relaunchs in unterschiedlichen Rollen gewonnen haben. Einige haben wir gemeinsam umgesetzt, andere zusammen mit verschiedenen Partnern. Der Einfachheit halber sprechen wir in diesem Buch dann von „wir" wenn nur einer der beiden Autoren persönlich beim Relaunch beteiligt war.

Ein solches Buch verdankt vieles den zahlreichen Kolleginnen und Kollegen, die bereit waren, unsere Arbeit zu unterstützen. Wir danken ihnen allen, wenn wir auch nicht alle namentlich erwähnen können. Hervorheben möchten wir die Interviewpartner, die dieses Fachbuch durch einen Blick in die Praxis ergänzen: Michael Maurer, Tobias Köhler und Alexander Kratzer von der STUTTGARTER ZEITUNG, Martin Vogler von der WESTDEUTSCHEN ZEITUNG, Isabell Funk von der LUDWIGSBURGER KREISZEITUNG und Adi

Vorwort

Kemmer von der Motor Presse Stuttgart. Zusätzlich haben uns mit Material unterstützt Jutta-Petersen-Lehmann von der NEUEN APOTHEKEN ILLUSTRIERTEN, Mark Cano vom Heise-Verlag, Corinna Urbach von der TAZ, Christine Felsinger von CAVALLO und Christina Scheffler von Sinus Sociovision. Unser Lektor Rüdiger Steiner hat das Projekt sofort unterstützt und hilfreich begleitet. Wie immer gilt aber: Unzulänglichkeiten liegen allein in der Verantwortung der Autoren. Für Anregungen und Kritik sind wir stets dankbar.

Stuttgart, im August 2009

Markus Reiter   Eva-Maria Waas

1 Warum Relaunch?

1.1 Medienwelt im Umbruch

Wer ältere Zeitschriften oder Zeitungen durchblättert oder auf einer Internetseite surft, wird sich gelegentlich wundern: So sah das damals aus? Das kommt mir irgendwie veraltet vor. In der Tat haben viele Leser sehr schnell ein unbestimmtes Gefühl, wenn ein Printprodukt nicht mehr zeitgemäß wirkt. Die wenigsten Leser vermögen zu sagen, warum das so ist, welches grafische Element, welches Logo, welche Eigenart der Gestaltung und welche journalistische Herangehensweise ihnen unmodern vorkommen. Aber Lesegewohnheiten ändern sich mit der Zeit und da die meisten Menschen mehr als eine Zeitung, Zeitschrift oder Internetseite vor Augen haben, entwickeln sie unterbewusst ein Gefühl für Trends. Sicherlich gibt es sehr offensichtliche Fälle. Die NÜRNBERGER NACHRICHTEN zum Beispiel sind eine sehr honorige Tageszeitung, in der viele ordentliche Artikel erscheinen. Jedoch konnte man Volontären bis weit in die 90er Jahre des vergangenen Jahrhunderts hinein auf Weiterbildungsveranstaltungen sagen: „Wenn Sie einmal sehen möchten, wie Tageszeitungen in den 50er-Jahren, ein paar Jahre nach dem Zweiten Weltkrieg, aussahen, dann greifen Sie nach einem Exemplar der NÜRNBERGER NACHRICHTEN." Inzwischen hat das Blatt einen Relaunch hinter sich, hat sich aber sicher immer noch nicht als Trendsetter fortschrittlicher Zeitungsgestaltung bewiesen.

In Zeiten des Internets wird es für Printobjekte schwieriger, wenn der Leser den Eindruck gewinnt, der gestalterische Zug sei ohne seine Zeitschrift oder Zeitung weitergefahren. Leser haben heute fast immer eine Alternative. Während sie früher für lokale Nachrichten auf die Monopol-Tageszeitung des Heimatortes angewiesen waren, stehen ihnen heute fast immer Online-Alternativen zur Verfügung, die von der Gemeinde, von Parteien, Vereinen, Kirchen, Bürgerinitiativen, privaten Bloggern und vielen anderen angeboten werden. Dort lassen sich viele aktuelle Informationen zu sehr speziellen Problemen finden. Außerdem kann man mit anderen Usern in Kontakt treten und Erfahrungen austauschen.

Warum Relaunch?

Bis vor zwanzig Jahren blieb Berufstätigen oder Laien, die sich für ein bestimmtes Fachgebiet interessierten und auf Informationen darüber angewiesen waren, nichts anderes übrig, als entsprechende Fachzeitschriften zu lesen. Deshalb erschienen (und erscheinen zum Teil noch immer) sehr viele Titel selbst im kleinsten Markt. Deutschland ist der am engsten besetzte Printmarkt der Welt. Einige Schätzungen gehen davon aus, dass es um die 10.000 regelmäßig erscheinende Publikationen gibt. Um nur ein Beispiel zu nennen: Sanitärhandwerker können, wie die Autoren bei einem Relaunchprojekt feststellen konnten, auf nahezu ein Dutzend Fachmagazine zurückgreifen. Zum Teil befassen sich die Titel mit einem sehr eng gefassten Themenspektrum, etwa Sanitärinstallationen in Hochhäusern. Das Problem ist: In der Vergangenheit waren in vielen Fällen alle Titel eines Segmentes mehr oder weniger schlecht und lieblos gemacht. In einigen Fällen lag das daran, dass kleine Fachverlage nicht über ausreichend Kapital verfügten. In anderen Fällen spürten Verlage keinen Veränderungsdruck, weil die Anzeigeneinnahmen ihnen ein gutes, manchmal sogar exzellentes Auskommen sicherten. Um die Leser musste man sich nicht sonderlich kümmern. Die Konkurrenz durch das Internet hat das alles verändert.

Die Verleger können im Netz aber nicht einfach ihr monopolistisches Informationsverständnis beibehalten, das sie bisher mit ihren gedruckten Medien gezeigt haben. Der Druck des Marktes gilt nämlich für Online-Seiten selbst nicht minder: Stets gibt es irgendwo im Netz eine Informationsquelle, die besser aufbereitet ist, besser aussieht und eine überlegene Funktionalität hat. Zudem sind, anders als gedruckte Zeitschriften, die Informationen weltweit und mühelos zugänglich. Der User kann mit zwei, drei Klicks in Sekundenschnelle zu einer amerikanischen, australischen oder südafrikanischen Website, wenn ihm eine deutsche Website nicht sofort zusagt.

Zeitungen, Zeitschriften und Online-Auftritte müssen also ständig prüfen, ob sie noch dem Stand der Zeit entsprechen. Das gilt zum einen für die Optik. Eine Gestaltung, die es dem Leser leicht macht, die gesuchten Informationen ohne Probleme zu finden, ist unabdingbar. Leider belassen es viele Verlage dabei, den grafischen Auftritt zu modernisieren. Ausschließlich auf ein Redesign zu setzen, kann bei sehr erfolgreichen Titeln ein sinnvolles Vorgehen darstellen. In den meisten Fällen sollten die Redaktionen aber überlegen, was sie journalistisch verändern sollten. Nicht nur die grafischen Ansprüche der Leser ändern sich nämlich, sondern auch die inhaltlichen.

Zu Beginn eines Relaunchprozesses müssen sich der Verlag (oder im Falle von Internetauftritten andere Anbieter) und die Redaktion darüber klar werden, wie weit die Umgestaltung reichen soll. Drei Möglichkeiten bestehen:

1. ein Redesign. Zeitungen, Zeitschriften und Online-Auftritte, die davon überzeugt sind und anhand von Fakten aus der Marktforschung darauf vertrauen können, ein inhaltlich erfolgreiches Produkt anzubieten, mögen sich für ein schlichtes Redesign entscheiden. Es handelt sich dabei um eine Neugestaltung, bei der veraltete gestalterische Elemente modernisiert werden – also um ein Facelifting. Inhaltlich, konzeptionell und organisatorisch bleibt alles beim Alten. Nach der Erfahrung der Autoren dieses Buches liegt es nur in wenigen Fällen nahe, sich auf ein Redesign zu beschränken. In den meisten anderen Fällen haben sich im Laufe der Jahre organisatorische Gewohnheiten eingeschlichen, hat sich journalistische Behäbigkeit breit gemacht und tauchen zahlreiche Schludrigkeiten auf. So ist es häufig der Fall, dass Leitsysteme überwuchern, Rubriken überhand nehmen und journalistische Darstellungsformen vernachlässigt werden. Leser erwarten nicht nur eine neue Optik, sondern auch neue inhaltliche Impulse. Das gilt umso mehr für das Internet, wo die technischen Möglichkeiten in den letzten Jahren enorm gewachsen sind und der Wandel sich sehr schnell vollzieht. Die Autoren dieses Buches sind während ihrer gesamten Tätigkeit nicht mehr als einem halben Dutzend Objekten begegnet, die es bei einem simplen Redesign hätten belassen können. Eine Tageszeitung und eine Fachzeitschrift waren nicht darunter.

2. ein Relaunch. Ein Relaunch dürfte das übliche Vorgehen bei der Modernisierung von Titeln sein, die im Kern gesund sind. Der Relaunch verbindet die grafische Neugestaltung mit einer inhaltlichen Überarbeitung. Die Bandbreite reicht, je nach Voraussetzung, von einer Rückbesinnung auf journalistische Vielfalt bis zum kompletten Umbau der Redaktionsstrukturen, zum Beispiel die Einführung eines Newsdesks bei Tageszeitungen. In den Relaunch sollte stets die Weiterbildung der Redaktion integriert sein. Zum einen bringen die Redakteure dabei ihr Fachwissen auf den neuesten

Stand, zum anderen können sie motiviert werden, nach dem Relaunch neue Möglichkeiten und Formen auszuprobieren.

3. eine Repositionierung. Wenn sich das Marktumfeld seit dem letzten Relaunch entscheidend gewandelt hat, kann eine Repositionierung nötig werden. Während nach dem Relaunch die gleiche Zielgruppe angesprochen werden soll wie vor dem Relaunch, spricht ein neu positioniertes Produkt eine veränderte Zielgruppe an. Ein Beispiel: Der Autor dieses Buches hat einmal eine Fachzeitschrift für Schafzüchter beraten. Dieses Blatt richtete sich ursprünglich an Landwirte, die kommerziell Schafzucht betreiben. Entsprechend waren die Inhalte eher wissenschaftlich und wenig emotional. Um nur ein kurioses Detail zu nennen: Die meisten Schafe wurden von hinten abgebildet, weil Profis offenbar am Hinterteil den Zustand eines Tieres am besten bewerten können. Eine Analyse des Vertriebs ergab, dass die Zeitschrift von vielen Hobby-Schafhaltern mit kaum einem Dutzend Tiere gelesen wurde. Diese waren mindestens ebenso an Geschichten rund ums Schaf interessiert wie an Ratschlägen zur Optimierung der Züchtung. Bei der Repositionierung der Marke musste demnach darauf geachtet werden, dieser Lesergruppe genug emotionale Inhalte und an deren Bedürfnisse angepassten Nutzwert zu bieten. Wobei zum Beispiel die Schafe auch öfter einmal von vorne abgebildet wurden.

1.2 Verändertes Leseverhalten und neue Medienrezeption

In den letzten Jahren hat sich das Leseverhalten der Medienrezipienten stark verändert. Zugleich haben die Verlage mehr Möglichkeiten erhalten, dieses Leseverhalten ihrer Kunden zu erforschen. Dazu werden verschiedene Methoden angewandt.

Die aufwändigste Methode ist die so genannte *Blickverlaufsforschung*, auch unter dem englischen Namen Eyetracking bekannt. Sie findet sowohl bei Printprodukten als auch bei Internetseiten Anwendung. Forscher nehmen dabei mit einer speziellen Kamera auf, wohin der Blick auf einer Seite wandert. Dabei werden die Fixationspunkte und die Fixationsdauer registriert. So kann bei der Untersuchung festgestellt werden, wo ein Teilnehmer des Experimentes wie lange hinschaut. Noch vor einigen Jahren waren die Aufzeichnungsgeräte relativ klobig. Sie sahen aus wie Fahrradhelme und erwiesen sich als hinderlich bei der Benutzung. Dadurch verfälschten sie natürlich das Ergebnis. Heute handelt sich um leichte Gestelle, die der Proband, wenn er sich einmal daran gewöhnt hat, kaum noch wahrnimmt. Die modernsten Geräte verzichten sogar auf Brillen und Helme. Sie beobachten die Augenbewegungen mit Infrarotstrahlen und einer Videokamera und sind zum Beispiel hinter einem Computerbildschirm angebracht. Sicherlich lässt sich selbst dann noch der Vorwurf vorbringen, die Künstlichkeit der Situation beeinflusse das Leseverhalten. Wer liest seine Tageszeitung oder eine Online-Seite schon in einem Forschungslabor und im Wissen, beobachtet zu werden? Allerdings sind Augenbewegungen zumeist nicht willkürlich gesteuert. Man kann also davon ausgehen, dass die Ergebnisse der Blickverlaufsforschung relativ valide sind.

Auf diese Weise haben Forscher herausgefunden, dass bei Zeitungen und Zeitschriften die Leser zunächst auf das dominierende Bild auf einer Seite blicken und dort einen Augenblick verharren, um zu erkunden, was darauf abgebildet ist. Wir werden auf die Schlussfolgerungen, die sich aus dem Blickverlauf ergeben, in diesem Buch noch oft zu sprechen kommen, denn sie spielen eine große Rolle bei der Gestaltung. Der Blickverlauf bei Homepages wird ebenfalls durch einige wichtige Faktoren beeinflusst, die man bei der Gestaltung bedenken sollte.

Eine zweite Methode, mit der sich Wissen über das Leseverhalten erlangen lässt, nennt sich *Readerscan*. Dabei handelt es sich um ein Verfahren des Schweizer Unternehmers Carlo Imboden. Readerscan ermittelt mit Hilfe eines Scanners, der ungefähr die Form eines Textmarkers hat, Lesequoten einzelner Artikel. Dazu wird eine Gruppe zwischen 100 und 400 Lesern einer Zeitung nach bestimmten Zielgruppen-Kriterien ausgewählt. Jeder Leser erhält einen Scanner und wird gebeten, die Zeile zu markieren, in der er aufgehört hat, einen Artikel weiterzulesen. Ein Computerchip im Scanner zeichnet auf, was und wie weit der Versuchsteilnehmer gelesen hat. Readerscan kann naturgemäß nur für Printprodukte benutzt werden.

Warum Relaunch?

Die ernüchternde Bilanz der Readerscan-Untersuchungen für manche Redakteure: Die wenigsten Artikel werden zu Ende gelesen – und manche werden gar nicht gelesen. Readerscan stellt so etwas Ähnliches dar wie die Einschaltquoten beim Fernsehen. Sicherlich ist die Methode nicht unumstritten: Erstens wird kritisiert, die Zahl der Teilnehmer sei zu gering, um tragfähige Aussagen zu treffen. Zum Zweiten könnte es sein, dass die Teilnehmer die Scanner nur unzureichend einsetzen. Zum Dritten kann man mit Quoten allein noch keine gute Zeitung oder Zeitschrift machen. So gibt es zum Beispiel Rubriken, die von den Lesern in ihrem Blatt erwartet werden, selbst wenn sie sie niemals nutzen. Richtig daran ist, dass Readerscan ein journalistisches Gefühl für eine gute Blattmischung nicht ersetzen kann. Aber die Quoten können Journalisten durchaus dazu ermuntern, bei jedem einzelnen Artikel besser zu werden. Und nicht zuletzt sollte es einem Chefredakteur mulmig werden, wenn sein ganzes Objekt schlechte Quoten hat.

Eine dritte Methode wird nur bei der so genannten *Usability-Forschung* eingesetzt. So bezeichnet man Untersuchungen über die Bedienfreundlichkeit von Websites. Die Teilnehmer an der Untersuchung werden gebeten, eine bestimmte Information auf einer Internetseite zu finden. Während sie sich am Rechner zu schaffen machen, beobachtet ein Forscher ihr Suchverhalten. In einigen Fällen bittet er die Versuchspersonen zusätzlich, beim Surfen zu erklären, was sie gerade machen und wie sie die Bedienfreundlichkeit der Seite einschätzen. Ein solcher Usability-Test ist vergleichsweise kostengünstig. Er liefert auch bei einer kleinen Zahl von Teilnehmern verwertbare Ergebnisse. Forscher haben nämlich herausgefunden, dass man – anders als bei der Meinungsforschung – keine große Stichprobe benötigt. Im Grund kann man die User in zwei Gruppen einteilen: erfahrene Internetnutzer und Internetneulinge. Innerhalb dieser Gruppen ist die Beurteilung der Bedienfreundlichkeit von bestimmten Seiten weitgehend homogen.

Das Internet hat gegenüber einem Printobjekt ohnehin den Vorteil, dass man sehr schnell sehr ausführliches Datenmaterial zur Verfügung hat. Man kann die Zahl der Unique Visitors, der Page Impressions und die Verweildauer auf einer Internetseite messen. Manchmal kann eine leichte Veränderung einer Überschrift die Klickrate eines Artikels signifikant erhöhen. Alle diese Methoden haben ein wesentliches Ergebnis erbracht: Die Leser von heute sind deutlich anspruchsvoller als in früheren Zeiten. Sie verlieren schneller das Interesse und steigen eher aus einem Artikel aus, wenn sie das Gefühl haben, der persönliche Nutzen der Lektüre sei zu gering. Die Autoren dieses Buches erinnern sich noch gut, wie sie sich vor zwanzig Jahren durch die eineinhalb Seiten langen Leitartikel von Robert Leicht oder Theo Sommer in der Wochenzeitung DIE ZEIT gequält haben. Kaum eine Zwischenzeile, kein grafisches Element, keine Grafik war da, ihnen die Lektüre zu erleichtern. Es gibt heute kaum noch einen Leser, der sich das antun würde – egal wie groß der intellektuelle Gewinn nachher wäre (er stand bei manchen Autoren nicht immer im angemessenen Verhältnis zur Mühe des Lesens). Deshalb sieht die überaus erfolgreiche ZEIT heute auch nicht mehr so aus wie vor 20 Jahren – anders als manche Fachzeitschrift.

Leser erwarten heute, wenn sie ihr Special-Interest-Magazin oder eine Fachzeitschrift zur Hand nehmen, dass diese Objekte sich gestalterisch und inhaltlich auf dem gleichen Niveau bewegen wie große Publikumsmagazine. Der STERN oder die zweiwöchentliche Programmzeitschrift sind damit der Maßstab geworden selbst für ein Fachblatt für Hochhaus-Klempner. Mit dem kleinen Unterschied, dass der STERN einige Hundert Redakteure beschäftigt, das Fachmagazin aber vielleicht nur über eine halbe Redakteurstelle verfügt. Verlage und Redaktionen müssen also Wege finden, diese Diskrepanz für den Leser nicht allzu spürbar werden zu lassen.

1.3 Wirtschaftliche Zwänge

In den vergangenen Jahren haben fast alle Zeitungen und Zeitschriften erhebliche Einbußen an Auflage und Anzeigenaufkommen hinnehmen müssen. In den Vereinigten Staaten sind mehrere Zeitungsverlage insolvent gegangen. Andere Verlage kündigen an, künftig kein Printobjekt mehr auf den Markt bringen zu wollen, sondern sich auf das Internet zu konzentrieren. Andererseits werden immer kleinere Nischen besetzt, sowohl bei der Publikumspresse als auch bei Fachzeitschriften und Specialinterest-Titeln. Das Gesamtanzeigenvolumen verlagert sich von Printwerbung zu Online-Werbung. Davon profitieren aber nicht unbedingt die Internetauftritte der Verlage. Vielmehr wandert das Geld zu Direktmarketingmaßnahmen im Internet oder zu Google. Durch Werbung bei der Suchmaschine lassen sich Kunden spezifisch ansprechen. Nur diejenigen, die nach einem Produkt suchen, werden mit der Werbung konfrontiert. Bezahlt wird nur, wenn der potenzielle Kunde auf die Anzeige klickt.

Ähnlich dramatisch ist die Veränderung bei der Medienrezeption junger Menschen. Als Digital Natives, Eingeborene der digitalen Welt, werden jene Angehörigen der Generation Internet bezeichnet, die nach etwa 1980 geboren wurden. Sie haben eine Zeit ohne Mobiltelefon, Computer und Internet nie erlebt. Sie sind groß geworden mit dem Bewusstsein, dass sie überall sofort auf das gesamte Wissen des Internets zugreifen können. Ihr Informationsverhalten ist fast ausschließlich digital orientiert. Zeitungen und Zeitschriften kommen darin nur am Rande vor.

Die Internet-Forscher John Palfrey und Urs Gasser haben in ihren Untersuchungen festgestellt, dass die meisten Digital Natives erschreckend wenig Wert auf die Qualität und Verlässlichkeit von Informationen legen. Sie haben in vielen Fällen noch nicht einmal eine Strategie oder einen Maßstab für die Verlässlichkeit und Qualität der Information. Zeitungen und Zeitschriften müssen junge Leser also zunächst davon überzeugen, warum ihre Medien auf Qualität setzen und dass diese einen Wert darstellt. Das setzt natürlich voraus, dass diese Zeitschriften und Zeitungen wirklich Qualität liefern.

Ein Relaunch im von uns im Folgenden beschriebenen Sinne ist immer mit einer Qualitätsoffensive verbunden. Wer seine Zeitung oder Zeitschrift nur optisch ansprechender gestalten will, ohne sie inhaltlich veränderten Anforderungen anzupassen, wird am Ende die Leser enttäuschen. Es gibt nur wenige Fälle von sehr gut gemachten Zeitungen und Zeitschriften, bei denen ein Redesign ausreicht. Der Journalistikprofessor Michael Haller vom Institut für Kommunikations- und Medienwissenschaft der Universität Leipzig sagt dazu in einem Interview mit dem Verleger-Fachmagazin „Impresso": „In Deutschland sind derzeit über den Großhandel weit über 4.200 Zeitschriftentitel erhältlich, der Einzelhandel bietet meist zwischen 800 und 1.200 Titel. Unter diesen Titeln ist eine Fülle unnötig bedrucktes Papier. Gerade in der Zeitschriftenwelt müssen wir zurückfinden zur publizistischen Qualität."

1.4 Was macht Qualität aus?

Dafür ist es natürlich wichtig zu wissen, durch was die Qualität bestimmt wird. Die wissenschaftliche Journalistik hat dazu einige Erkenntnisse gewonnen. Journalistische Qualität wird hauptsächlich bestimmt durch:

Verlässlichkeit. So simpel es sich anhört, so entscheidend ist dieses Kriterium für den Leser. Die Informationen in einem Medium müssen stimmen – und die User müssen davon überzeugt sein, dass sie stimmen. Im Wahlkampf um die amerikanische Präsidentschaft 2008 ergaben einige Umfragen, dass die US-Bürger erstmals das Internet für glaubwürdiger hielten als Hörfunk und Fernsehen. Das mag mit der spezifisch amerikanischen Situation zu tun haben. In Deutschland gilt zum Beispiel überraschenderweise das Fernsehen als glaubwürdiger als Printmedien, während das Internet noch als das am wenigsten verlässliche Medium angesehen wird. Insbesondere bei jüngeren Befragten wandelt sich allerdings das Bild; bei ihnen gewinnt die Information aus dem Internet an Glaubwürdigkeit. Allerdings gehen wir von einem niedrigen Niveau aus. Generell misstrauen Leser allen Quellen. Die Redakteure von Fachzeitschriften und Special-Interest-Titeln haben mit der besonderen Schwierigkeit zu kämpfen, dass ihre Leser und Nutzer selbst Experten auf den Gebieten sind, über die die Magazine schreiben. Den Lesern fallen kleinste Fehler auf, die sehr schnell generalisiert werden und die Glaubwürdigkeit des gesamten Produktes beeinträchtigen. Die Redakteure müssen sich also auf dem schmalen Grad zwischen verständlicher Information, die zum Teil Sachverhalte vereinfachen muss, und hoher Genauigkeit bewegen.

Viele Fachredakteure, vor allem die älteren, sind Experten auf ihrem Gebiet und auf irgendeinem Umweg zum Schreiben gekommen. Eine systematische journalistische Ausbildung fehlt ihnen. Das führt dazu, dass gelegentlich die Vermittlungskompetenz zu schwach ausgeprägt ist. Im Rahmen eines Relaunchs ist es angebracht, solche Redakteurinnen und Redakteure nachzuschulen. Erfahrungsgemäß mangelt es in vielen Fällen an Wissen darüber, wie sich die journalistischen Darstellungsformen unterscheiden und wie diese eingesetzt werden können.

Verlässlichkeit setzt voraus, dass die Redakteure Informationen recherchieren. Inzwischen kann man bei Weiterbildungen beobachten, dass Volontäre

Warum Relaunch?

und Jungredakteure das Googeln bereits für eine befriedigende Recherche halten. Mit Fachleuten persönlich zu sprechen oder gar eine Bibliothek aufzusuchen, gilt als verzichtbar. Darin zeigt sich zum einen ein Mangel an journalistischer Qualifizierung, zum anderen spiegelt sich darin die Realität in den Redaktionen: Auch dort wird in vielen Fällen nicht mehr recherchiert, sondern nur noch gegoogelt oder aus der Pressemitteilung kopiert. Was dabei passieren kann, zeigte sich Ende 2008, als sich auf Tausenden von Internetseiten ein angebliches Gedicht des Schriftstellers Kurt Tucholsky aus dem Jahre 1930 mit dem Titel „Finanzkrise" fand. Das Gedicht war jedoch weder von Kurt Tucholsky noch aus dem Jahre 1930, sondern von einem rechtsgerichteten Österreicher anlässlich der Finanzkrise geschrieben worden. Redaktionen, die sich auf die häufige Nennung im Internet verlassen hatten, waren also einem Schwindel aufgesessen.

Nicht nur durch das Internet verbreiten sich Falschinformationen. Diese Erfahrung machte einer der Autoren dieses Buches als Redakteur bei der FAZ. Damals recherchierte er für ein Porträt eines bekannten Schauspielers. Im umfangreichen Archivmaterial aus vielen Zeitungen und Zeitschriften fand er immer wieder eine prägnante Anekdote aus dessen Leben, die über Jahre in zahlreichen Porträts auftauchte. Im Gespräch mit dem Künstler stellte sich heraus, dass die Geschichte nie stattgefunden hatte. Die Journalisten hatten die falsche Anekdote voneinander abgeschrieben. Glaubwürdigkeit ist schnell verspielt, kann aber nur mühsam wiederaufgebaut werden. Mit einem Relaunch das einmal verspielte Vertrauen wiederzuerlangen, ist eine sehr mühevolle Aufgabe. Sie erfordert, dass der Relaunch durch weitere Marketing- und Werbemaßnahmen unterstützt wird. Und sie erfordert ein gewisses Maß an Geduld.

In vielen Vorgesprächen, bei denen es um einen Relaunch geht, hören wir von Verlegern und Redakteuren, dass die Glaubwürdigkeit und Verlässlichkeit der Information den Markenkern ihres Produktes ausmacht. In einigen Fällen fanden wir dies eher verwunderlich angesichts der Tatsache, dass ein Großteil des Inhaltes aus Pressemitteilungen und aus Artikeln von Marketing- und Produktmanagern bestand. Redaktionen wie Verleger sollten also ehrlich prüfen, wie es wirklich um die Glaubwürdigkeit ihres Produktes bestellt ist.

Zu den Qualitätskriterien im Journalismus gehört nämlich die *klare Trennung zwischen Werbung und redaktionellem Inhalt*. Sie sollte eigentlich selbstverständlich sein, zumal sie durch die Landespressegesetze rechtlich gefordert ist. Man würde sich jedoch in die Tasche lügen, wenn man nicht zugäbe, dass allzu oft redaktionelle Beiträge schlicht gekauft werden können. Dies Problem trifft alle Medien, ist aber bei Tageszeitungen, General-Interest-Zeitschriften und hochwertigen Nachrichtenportalen weniger stark ausgeprägt als bei Fachzeitschriften und Fachportalen. Ein Relaunch könnte zum Anlass genommen werden, die Grenzen wieder deutlicher zu ziehen. Werbliche Inhalte im Marketing-Deutsch, wie sie heute noch viele Fachzeitschriften dominieren, werden von den Usern im Internet ohnehin schnell weggeklickt.

Eine Abkehr von Marketingtexten würde die Redaktion dazu zwingen, ein weiteres Qualitätsmerkmal stärker zu betonen: *die Gewichtung und die Kommentierung* von Inhalten. Obwohl Leserbefragungen zeigen, dass Kommentare gern gelesen werden, finden sie sich noch viel zu selten in Zeitungen und Zeitschriften. Im Internet sieht es ein wenig anders aus. Hier mangelt es häufiger an der Trennung von Meinung und Nachricht. Bestimmte journalistische Formen im Web ignorieren diese Trennung allerdings bewusst, zum Beispiel der Blog.

Im Lokalteil regionaler Tageszeitungen und in Fachzeitschriften kommt es noch oft vor, dass alle Inhalte gleichgewichtig präsentiert werden. Damit verspielen diese Medien eine große Chance, sich von der Darstellung der Informationen im Internet abzuheben. Dort bekommt der User die Informationen aufgrund der technischen Vorgaben in vielen Fällen weitgehend ungewichtet vorgesetzt. Er muss selbst entscheiden, was er für wichtig, was für weniger bedeutend hält. Da Internetnutzer Informationen aber in vielen Fällen bewusst suchen, etwa indem sie Suchbegriffe in Google eingeben, haben sie die Gewichtung und Vorauswahl schon getroffen. In der Fachsprache spricht man von „Pull Information", das heißt der Leser holt sich die gesuchte Information ein (pull).

Anders die Leser von Zeitungen und Zeitschriften. Die Leser bekommen die Informationen angeboten (Push Information). Damit verlagert sich die Gewichtung der Information auch vom Nutzer auf den Anbieter. Besonders Zeitschriften müssen Inhalte gewichten. Das erfordert schon die Heftdramaturgie, auf die wir in Kapitel 7 eingehen werden. Eine gute Redaktion muss den Lesern sagen, was sie für wichtiger, was für weniger wichtig hält. Nur dadurch kann sich der Leser einen schnellen Überblick verschaffen. Das gilt selbst dann, wenn der Leser persönlich eine andere Gewichtung vornimmt und zum Beispiel einen zweiseitigen Artikel im hinteren Heftteil lieber liest als den Aufmacher. Zeitschriftenredakteure müssen im Rahmen des Relaunchs also gezwungen werden, Gewichtungen vorzunehmen, wo dies noch nicht geschieht. Das kann zum Beispiel durch die Vorgaben des Layouts geschehen. Auch im Lokalteil einer Tageszeitung muss es auf jeder Seite einen erkennbaren Aufmacher geben. Musterseiten sollten also immer einen solchen Aufmacher vorsehen. Zugleich muss sich dem Leser erschließen, warum sich die Redaktion für genau diesen Aufmacher entschieden hat.

Gewichtung schafft Abwechslung. Zur Abwechslung gehört auch eine *Vielfalt an Darstellungsformen*. In vielen Tageszeitungen reiht sich ein Vereinsbericht an den anderen. Fachzeitschriften bestehen aus nichts anderem als aus so genannten Anwenderreportagen, die leider alles andere als Reportagen sind. Eine wichtige Aufgabe im Relaunchprozess ist es, im journalistischen Konzept die ganze Palette der Darstellungsformen vorzusehen. Dazu gehören Bericht und Nachricht ebenso wie Interviews, Porträts, Reportagen, Features, Kommentare, Glossen und Rezensionen. Besonders den narrativen Darstellungsformen sollte mehr Aufmerksamkeit gewidmet werden. Die Fähigkeit, gute Reportagen und Features zu schreiben, ist jedoch in vielen Redaktionen verkümmert. Eine Weiterbildung in diesen Stilformen sollte deshalb vorgesehen werden. Sie bietet sich in der zweiten Hälfte des Relaunchprozesses an. Redakteure werden dadurch motiviert, zugleich können sie die neu gewonnenen Fähigkeiten unmittelbar nach dem Relaunch umsetzen.

Die Stärke der Printmedien wird in Zukunft (falls Printmedien überhaupt eine Zukunft haben sollten) die *Erklärung von Zusammenhängen* sein. Tageszeitungen übernehmen dabei Aufgaben, die bislang von Wochenzeitungen wahrgenommen wurden. Sie helfen dem Leser, die Welt der Nachrichten, die dieser schon aus dem Internet oder den elektronischen Medien erfahren hat, zu verstehen und einzuordnen. Printmedien, die wöchentlich, monatlich oder noch seltener erscheinen, müssen sich umso mehr Gedanken machen, wie sie Hintergrundstücke konzipieren und anbieten. Wir halten diees Umorientierung weg vom Nachrichtenmedium, hin zum Erklärmedium für eine der wichtigsten Aufgaben beim Relaunch von Printobjekten. Sie muss sich dabei sowohl inhaltlich als auch in der Gestaltung ausdrücken.

Ein letztes Qualitätskriterium ist die *Verständlichkeit von Texten*. Die meisten Redakteure wissen, was einen verständlichen Text ausmacht. Das hindert sie nicht daran, nur allzu oft gegen die Regeln zu verstoßen. Die so genannte Hamburger Verständlichkeitsforschung nennt vier „Verständlichmacher":

- *Einfachheit*. Autoren sollten einfache, bekannte Wörter benutzen und überschaubare Sätze schreiben; sie sollten auf Fremdwörter weitgehend verzichten und Fachbegriffe im Zweifel erklären.
- *Gliederung und Ordnung*. Artikel müssen einen roten Faden und eine klare Aussage haben; sie sollten durch Absätze und Zwischenüberschriften gegliedert sein. Beim Relaunch müssen die Gestalter diese Elemente ausreichend berücksichtigen.
- *Kürze und Prägnanz*. Texte müssen knapp und präzise sein, allerdings nicht so knapp, dass dem Leser zu viele Informationen auf zu engem Raum präsentiert werden.
- *anregende Zusätze*. Dazu rechnen die Verständlichkeitsforscher sprachliche Mittel wie Metaphern und rhetorische Fragen, ebenso Beispiele und Anekdoten. Es wird hier erneut klar, wie wichtig narrative Darstellungsformen sind.

Obwohl bekannt, werden diese Verständlichmacher im Redaktionsalltag oft vernachlässigt. Meist wird dies mit Zeitmangel und Arbeitsüberlastung entschuldigt. Dieses Argument hat sicherlich in vielen Fällen seine Berechtigung. Es interessiert aber leider den Leser nicht. Ein Leser wird sich von schwer verständlichen Texten abwenden, aus welchen Gründen auch immer sie im Internet oder in einem Printprodukt erscheinen. Ein Relaunch ist eine gute Gelegenheit, der Redaktion die Kriterien der Verständlichkeit erneut ins Bewusstsein zu rufen. Unter anderem dient dazu die Blattkritik, die zu Beginn eines Relaunchs eingeplant werden sollte.

1.5 Ausgangssituationen beim Relaunch

Nach der Erfahrung der Autoren dieses Buches gibt es zwei mögliche Ausgangssituationen vor einem Relaunch:

1. Die wirtschaftliche Situation des Mediums verlangt einschneidende Maßnahmen. So hat Holtzbrinck zum Beispiel sein jugendliches Nachrichtenportal zoomer.de relauncht, nachdem die Zugriffszahlen nicht den Erwartungen entsprachen. Dem Relaunch war offenbar kein ausreichender Erfolg beschieden, denn das Portal wurde Anfang 2009 eingestellt. Auch bei Zeitungen und Zeitschriften kommt dieser Fall häufig vor. Die Zeitschriften MAX und NEUE REVUE sind vor ihrer Einstellung mehrere Male relauncht worden, weil es mit den Absatzzahlen abwärts ging. Bei diesen Relaunches hat MAX allerdings zunehmend sein Profil verloren, und die NEUE REVUE machte nie so recht klar, für was sie eigentlich steht. Die Leser wussten nicht mehr, was sie erwartete und wendeten sich von den Blättern ab. Zeitgeist-Zeitschriften wie MAX zu erneuern, gehört zu den schwierigsten Aufgaben, weil mit dem Relaunch in vielen Fällen ihre Raison d'être verloren geht. Die Initiative beim Relaunch aus wirtschaftlichem Druck geht meistens von den Verlegern aus. Sie stellen die Mittel bereit und beauftragen in aller Regel eine externe Agentur. Für diese kommt es darauf an, ein gutes Einvernehmen mit der Redaktion herzustellen. Den Redakteuren muss nämlich verdeutlicht werden, dass ihre Arbeit bestimmten Qualitätskriterien oder zeitgemäßen Anforderungen nicht mehr entspricht. Das ist bei altgedienten Mitarbeitern nicht immer leicht und verlangt einiges diplomatische Geschick. Gegen die Redaktion lässt sich ein sinnvoller Relaunch kaum durchsetzen. Relaunchs aus wirtschaftlicher Not scheitern nicht selten daran, dass sie erstens viel zu spät kommen, zweitens nicht radikal genug sind und drittens keine ausreichende Unterstützung durch das Marketing und den Vertrieb erhalten.

2. Die Redaktion gewinnt den Eindruck, dass ihr Objekt optisch und inhaltlich nicht mehr den zeitgemäßen Voraussetzungen entspricht, obgleich es wirtschaftlich noch erfolgreich ist. Das kann sich zum Beispiel durch einen Vergleich mit Konkurrenzprodukten ergeben. In diesen Fällen fällt es leichter, einen Relaunch in Gang zu setzen, weil die Redaktion offen ist für neuen Input. Zudem steigen in diesen Fällen die Erfolgsaussichten, denn

man bleibt nahe am Leser oder User. Die erfolgreiche Männerzeitschrift MEN'S HEALTH zum Beispiel wird regelmäßig behutsam relauncht.

Ein Relaunch, der einem trudelnden Medium neuen Schwung verschaffen muss, steht unter größerem Erfolgs- und Zeitdruck als ein Relaunch, der ein erfolgreiches Medium modernisieren soll. Wie viel Zeit sollte man daher für einen Relaunch vorsehen? Diese Frage ist wichtig, denn die Autoren dieses Buches haben schon beides erlebt: Relaunches, die sich ewig hinzogen und irgendwann versandeten, und solche, die im Hau-Ruck-Verfahren durchgezogen wurden. Die Antwort lautet demnach: Nicht zu viel, aber auch nicht zu wenig. Konkret heißt das: in der Regel zwischen einem halben und einem ganzen Jahr. Dieser Zeitraum bezieht sich auf den gesamten Prozess vom Auftaktworkshop bis zum fertigen Relaunch. Das schließt natürlich nicht aus, dass sich die Führungsebene nicht schon vorher Gedanken gemacht hat über die notwendigen Maßnahmen. Ebenso ist nicht berücksichtigt, dass zum Beispiel bei einem Monatstitel die Produktion eines Heftes vier bis sechs Wochen vor Erscheinen abgeschlossen ist. Zudem kann es sein, dass der Relaunch erst zu einem strategisch günstigen Erscheinungstermin, zum Beispiel einer Messe, umgesetzt wird. Hingegen sind die verschiedenen Stufen der Marktforschung in diesem Zeitraum berücksichtigt. Wesentlich weniger als ein halbes Jahr sollte man allerdings für einen Relaunch nicht veranschlagen.

Ein Relaunch muss sich immer auf alle Titel einer Titelfamilie beziehen. Dazu gehört alles, was im Zusammenhang mit einer Line Extension auf den Markt gebracht wurde. In den meisten Fällen wird man beim Relaunch mit Templates arbeiten, also mit Musterseiten. Die gleichen Templates müssen für Sonderhefte oder Tochtermagazine eingesetzt werden. Nicht zwingend, aber angeraten erscheint es, beim Relaunch eines Printproduktes auch den entsprechenden Internetauftritt zu relaunchen. Einige Verlage sind aus Kapazitätsgründen dazu übergegangen, den Internetrelaunch vor oder nach der Überarbeitung des Printobjektes vorzunehmen. Auf jeden Fall muss die Redaktion bei der konzeptionellen Planung bedenken, dass Printauftritt und Internetangebot miteinander verzahnt werden. Für Printobjekte gilt: kein Relaunch ohne eine Online-Strategie.

Warum Relaunch?

Die Redaktionen von Printobjekten und ihren Internetauftritten sollten nicht getrennt arbeiten. Heutzutage müssen Redakteure alle Kanäle, also elektronische ebenso wie die Druckausgaben, bedienen. Tageszeitungen können einen Relaunch nutzen, um zu diesem Zweck zugleich einen Newsdesk einzuführen.

Checkliste: Wie nötig ist ein Relaunch?

- Liegt der letzte Relaunch länger als fünf Jahre zurück?
- Kommt der Redaktion selbst das Layout veraltet vor?
- Gibt es Marktforschungsergebnisse, die darauf schließen lassen, dass (neue) Leser das Layout als veraltet empfinden?
- Wurden in den letzten Jahren neue Elemente eingeführt, die nur unzureichend in das bestehende Layout integriert werden konnten?
- Könnten die Redakteure und Grafiker einem Leser (User) grafische Elemente und Gestaltungsformen schlüssig erklären?
- Gibt es viele verschiedene Formen für ähnliche Gestaltungselemente (zum Beispiel Infokästen)?
- Wechselt die Gestaltung von Seite zu Seite (bei Online: bei jedem Klick)?
- Sind Überschriften, Vorspanne und Bildunterschriften lieblos, trocken und lang?
- Werden nur wenige journalistische Darstellungsformen genutzt?
- Gilt in der Redaktion die Regel „Text vor Layout" (bei Print)?

Je mehr Fragen Sie mit Ja beantworten, desto dringender scheint ein Relaunch Ihres Mediums zu sein.

2 Die Marke im Markt und bei den Nutzern

Zu Beginn jedes Relaunchs müssen sich alle Beteiligten über zwei Dinge Klarheit verschaffen:

Erstens: Wie steht die Marke im Markt da?
Zweitens: Wie stellt sich die Marke aus Sicht der Leser oder User dar?

Die Ergebnisse der Überlegungen geben Aufschluss darüber, ob ein Redesign, ein Relaunch oder eine Neupositionierung notwendig ist. Die erforderlichen Daten müssen vom Vertrieb, dem Marketing und der Marktforschung zur Verfügung gestellt werden. Nur die großen Verlage verfügen über eine eigene Abteilung für Marktforschung. Wo es sie gibt, kann in der Regel auf umfangreiches Datenmaterial zurückgegriffen werden. Kleinere Verlage sollten vor einem Relaunch oder gar einer Repositionierung Geld in eine gezielte Marktforschung investieren. Bestimmte Methoden lassen sich bereits für einen überschaubaren Preis umsetzen. Sicherlich: Marktforschung kann einen journalistischen Instinkt nicht ersetzen, aber ihre Ergebnisse helfen, kluge und rationale Entscheidungen zu treffen. Vor allem qualitative Untersuchungen können dazu dienen, widerstrebenden Redakteuren aufzuzeigen, wie notwendig Veränderungen sind.

Während die meisten Redakteure eine einigermaßen korrekte Vorstellung über die Stellung ihres Titels im Markt haben, herrschen bei ihnen über das typische Leserverhalten oftmals illusorische Vorstellungen. In einem unserer Relaunchworkshops brachte ein Redakteur einer Fachzeitschrift diese Haltung einmal wie folgt zu Ausdruck: Der Referent machte darauf aufmerksam, ein bestimmter kompliziert formulierter und unübersichtlich präsentierter Artikel werde von vielen Zeitschriftennutzern nicht gelesen. Dies habe die Forschung über das Nutzungsverhalten von Lesern ergeben. Darauf meinte der Redakteur empört: „Das kann ich mir nicht vorstellen! Wir sind doch der Marktführer!"

Zugegeben: So zugespitzt äußern sich nur wenige Journalisten. Wie flüchtig die Aufmerksamkeit der meisten Leser wirklich ist, ist allerdings nur einer kleinen Minderheit von Redakteuren bewusst. Das hat vermutlich damit zu tun, dass sie es im Alltag mit besonders engagierten Nutzern ihres Angebots zu tun haben – denn das sind diejenigen, die sich in der Redaktion melden. Hinzu kommen Funktionäre und Interessenvertreter, die jedes Wort, das über sie geschrieben wird, aufmerksam verfolgen. Die Masse der Leser hingegen nimmt sich nur wenig Zeit. Die durchschnittliche Nutzungsdauer für Tageszeitungen betrug 2005 täglich 28 Minuten; das Internet wurde 44 Minuten am Tag genutzt; Zeitschriften gerade einmal 12 Minuten. In den Mediendaten von Zeitungen und Zeitschriften tauchen oft überhöhte Zahlen auf, zumal wenn sie auf Befragungen der Leser beruhen.

Die meisten Menschen neigen dazu, die Nutzungsdauer von Medien zu überschätzen. Am zuverlässigsten sind die Werte noch für das Internet, denn sie lassen sich technisch einfach erheben. Deshalb sind Redakteure, die sich stark mit dem Internet beschäftigen, am wenigsten anfällig für Illusionen über ihre User. Sie verfügen nämlich über genaue Zahlen darüber, was die User anklicken und wie lange sie auf einer Seite verweilen. Chefredakteuren sei empfohlen, ihren Kollegen die Daten über die Internet-Nutzung zugänglich zu machen. Wir gehören nicht zu jenen Beratern, die empfehlen, nur noch Artikel zu veröffentlichen, für die sich voraussichtlich sehr viele Leser interessieren werden. Zum einen kann man nie *genau* vorhersagen, welches Thema die Zielgruppe anspricht. Zum anderen macht der Überraschungseffekt bei der Themenauswahl die Qualität eines Objektes aus. Das kann jedoch nicht als Argument dafür genommen werden, nur noch über Themen zu berichten, für die sich so gut wie kein Leser oder User interessiert.

In unseren Relaunchworkshops zeigen wir hin und wieder Aufzeichnungen mit der Blickverlaufskamera. Solche Filme haben schon manchem Journalisten die Augen geöffnet.

2.1 Die Marke aus Lesersicht

Am Beginn eines jeden Relaunchs sollte die Frage stehen: Was hält der Leser gegenwärtig von unserem Produkt? Und was wünscht er sich in Zukunft von seiner Zeitung, Zeitschrift oder dem Onlineportal?

Wenn die Nutzer- oder Leserzahlen rückläufig sind, dann ist das vermutlich auf eine rückläufige Akzeptanz des Produktes zurückzuführen. Die Leser halten die Zeitung oder Zeitschrift nicht mehr für unentbehrlich. Für sie wiegt der Nutzen nicht mehr den Aufwand und die Kosten auf, sich mit ihr zu beschäftigen. Diese Aussage klingt banal. Dennoch sind wir in vielen Relaunchprozessen erstaunt, welche Phantasie Redakteure und Verleger für Erklärungen und Entschuldigungen aufbringen, um sich dieser Tatsache nicht stellen zu müssen.

Sicherlich gibt es objektive Gründe, warum die Nachfrage nach einem Printmedium abnimmt. Dazu gehören

1. eine schrumpfende Zielgruppe. Wer eine Zeitschrift für Weltkriegsveteranen oder Heimatvertriebene macht, muss sich der Tatsache stellen, dass irgendwann alle Weltkriegsveteranen und Heimatvertriebenen aus dem deutschen Osten gestorben sein werden. Da die deutsche Bevölkerung ohnehin schrumpft, wird der Markt in jedem Fall kleiner.

2. der Medienwandel. Junge Menschen greifen lieber auf Online-Angebote statt auf Printprodukte zurück. Auf diese Herausforderungen sollten Verlage reagieren, indem sie ihre Online-Auftritte für die Zielgruppe ebenfalls zur ersten Wahl machen. Für das Printprodukt bedeutet das eine neue journalistische Rolle. Hier müssen Hintergrundberichte und narrative Darstellungsformen breiteren Raum einnehmen. Eine Tageszeitung, die nur wiederkäut, was die Leser 16 Stunden zuvor im Netz haben lesen können, muss sich in der Tat nicht über Leserschwund wundern. Außerdem gibt es einige Beispiele von Printobjekten, die zeigen, dass man trotz Medienwandel auf dem Markt erfolgreich sein kann. Dazu gehören die Zeitschriften „Landlust" und „Neon".

3. die allgemeine wirtschaftliche Lage. Eine Weltwirtschaftskrise, wie sie nach dem Zusammenbruch der Finanzmärkte im November 2008 ausgebrochen ist, wirkt sich selbstverständlich auf den Anzeigenmarkt aus. Dagegen vermag höchste Qualität und stabiler Leserzuspruch wenig auszurichten. Andererseits wird das Produkt im Vertrieb nur geringe Einbußen zu erleiden haben, wenn es für seine Leser einen echten Nutzen darstellt.

Um herauszufinden, was Leser von einer Zeitschrift oder Zeitung erwarten, gibt es mehrere Möglichkeiten. Nicht alle sind repräsentative Erhebungsmethoden, einige sind sehr teuer, manche lassen nur sehr eingeschränkt nutzbare Informationen erwarten. Dennoch ist jede Erhebung zu Leserwünschen besser als gar keine.

Umfrage unter Lesern

Die einfachste Methode, um eine Einschätzung seiner Leser zu erhalten, sind Fragebögen, die der Zeitschrift beigelegt werden. Sie umfassen in der Regel nicht mehr als vier Seiten, besser wären zwei Seiten. Je länger ein Fragebogen ist, desto geringer die Rücksendequote. Ein bis zwei Prozent können schon als zufrieden stellend angesehen werden. Eine hohe Rücksendequote deutet, unabhängig vom eigentlichen Ergebnis, auf eine gute Leser-Blatt-Bindung hin. Man kann versuchen, die Rücksendequote durch eine Dankeschön-Verlosung zu erhöhen. In dem Fragebogen sollte die allgemeine Zufriedenheit mit den einzelnen Rubriken, mit den Artikeln, ihrer Länge und der Themenauswahl erhoben werden. Am ehesten werden geschlossene Fragen mit klaren Antwortvorgaben oder einer Bewertungsskala beantwortet. Am besten geeignet ist eine Skala von eins bis vier oder eins bis sechs. So zwingt man die Befragten, sich für eher gut oder eher schlecht zu entscheiden, und vermeidet eine Häufung in der Mitte. Viele offene Fragen machen den Fragebogen für die Leser unattraktiv, weil die Beantwortung zu viel Mühe macht.

Aus diesem Grund sollten die Ergebnisse eines beigelegten Fragebogens nicht überbewertet werden. Tendenziell sind die Teilnehmer an der Aktion überdurchschnittlich zufrieden. Leser, denen die Zeitschrift nicht zusagt, machen sich seltener die Mühe, Fragebögen auszufüllen. Zwar kann die Redaktion die eine oder andere Erkenntnis gewinnen, doch fällt die Interpretation der Aussagen schwer, weil oft Sonderwünsche geäußert werden. Zwar ist eine Fragebogenaktion in der Durchführung kostengünstig. Bei einem hohen Rücklauf kann sich die Auswertung jedoch durchaus als aufwändig erweisen. Je mehr offene Fragen gestellt wurden, desto mühseliger wird es.

Ein weiteres Problem ist, dass Leser enttäuscht sein könnten, wenn sie sich die Mühe gemacht haben, Fragen zu beantworten, und es geschieht lange nichts mit der Zeitschrift. Dies wäre angesichts der üblichen Dauer eines Relaunchprozesses nicht ungewöhnlich. Fragebögen lassen sich jedoch strategisch einsetzen, wenn ein Relaunch schon im Gange ist. Der Verlag sollte (bei einem Monatstitel) etwa drei Hefte vor dem Relaunch den Fragebogen beilegen. Dessen Antworten werden in der Regel kaum noch in den Relaunch einfließen lassen können. Der Relaunch kann aber den Lesern als Reaktion auf die Ergebnisse der Aktion präsentiert werden.

Umfrage online

Schneller und einfacher als eine Fragebogenaktion ist eine Befragung im Internet. Die Auswertung liegt sofort vor. Allerdings sind dabei nur vorgegebene Antworten möglich. Es muss der Redaktion eines Printmediums zudem gelingen, seine Leser zu bewegen, im Internet Fragen zu beantworten. Wenn es die Technik erlaubt, ist eine Internetbefragung dennoch zu empfehlen. Sie zeigt den Lesern und Usern zumindest, dass die Redaktion Wert auf ihre Meinung legt.

Quantitative Umfragen

Wissenschaftlich valide quantitative Umfragen sind aufwändig und kostspielig. Solche Erhebungen müssen bei einem entsprechenden Institut in Auftrag gegeben werden. Oftmals ist die Bestimmung der Grundgesamtheit schwierig, ebenso die repräsentative Auswahl der Stichprobe. Für Fachzeitschriften und kleinere Objekte lohnen sie sich in der Regel nicht. Für größere Zeitschriften und Zeitungen sieht das Bild anders aus: Sie können zugleich wertvolle Daten für den Anzeigenvertrieb sammeln, die in die Mediadaten einfließen. Redaktionen müssen bedenken, dass quantitative Umfragen breiten Raum für Interpretationen lassen. Repräsentative Umfragen helfen ihnen also nur bedingt, ein besseres Blatt zu machen. Sie sind hauptsächlich dazu geeignet, Auskunft über die Vorlieben und Interessen der Zielgruppe zu geben.

Qualitative Marktforschung

Die am besten geeignete Methode der Marktforschung, um einen Relaunch vorzubereiten, sind Fokusgruppen-Diskussionen. Dazu wird eine Gruppe von sechs bis zehn Lesern oder potenziellen Nutzern der Zeitschrift, Zeitung oder des Online-Portals eingeladen. Die Teilnehmer erhalten eine kleine Aufwandsentschädigung von 50 bis 150 Euro oder ein kleines Geschenk. Der Verlag kann dabei ohne weiteres auf seine Abonnentendatei zurückgreifen. Ansonsten sind Meinungsforschungsinstitute dabei behilflich, die Teilnehmer auszuwählen. Da die Fokusgruppen-Diskussion keine repräsentativen Ergebnisse liefern soll, ist die Auswahl nicht allzu schwierig. Die Teilnehmer sollten lediglich der avisierten Zielgruppe angehören. Man sollte aber nicht nur Freunde und Bekannte der Redaktion einladen. In einigen Fällen haben wir erlebt, dass hauptsächlich Verbandsfunktionäre aus der Branche der Fachzeitschrift genommen wurden. So etwas führt zu einer unerwünschten Verzerrung.

Die Diskussion findet am besten in einem speziellen Raum bei einem Meinungsforschungsinstitut statt. Hinter einer Blindglasscheibe können Vertreter der Redaktion und des Verlages die Diskussion beobachten und den Teilnehmern zuhören. Diese werden vorher darüber informiert, dass sie beobachtet werden, vergessen es jedoch erfahrungsgemäß im Laufe des Gesprächs sehr schnell. Finden mehrere Sitzungen statt, ist es sinnvoll, möglichst vielen Redakteuren die Chance zu geben, als Beobachter teilzunehmen. In der Regel erweist es sich für die Journalisten als außerordentlich lehrreich. Oft sind die Redakteure erstaunt, mit welchen Dingen ihre Leser Schwierigkeiten haben und welche Interessen sie befriedigt wünschen. Viele Leser machen in solchen Diskussionen zum Beispiel klar, dass sie schlichte Nutzwert-Geschichten sehr zu schätzen wissen.

Die etwa eineinhalbstündigen Fokusgruppen-Diskussionen sollten stets von einem neutralen Moderator geleitet werden. Redakteure und Chefredakteure dürfen nicht sichtbar anwesend oder gar beteiligt sein. Jeder, der an der Produktion eines Heftes beteiligt war, verspürt nämlich bei Leserkritik sofort das Bedürfnis, die Umstände der Entstehung zu erklären und sich zu verteidigen. Redakteure holen dann zu weitschweifigen Erklärungen aus, warum ein Artikel so ins Blatt oder auf die Website gelangt ist und warum ein Leserwunsch aus diesen und jenen Gründen leider nicht befriedigt werden kann. Das mag alles richtig sein – aber zunächst ist es wichtig, auf die Reaktionen der Leser zu hören. Wie weit eine Umsetzung ihrer Ideen möglich ist, sollte später geklärt werden.

Die Ergebnisse der Fokusgruppen-Diskussionen werden protokolliert und auf Video aufgezeichnet. In der Regel kann man schon mit drei bis vier Gruppendiskussionen wertvolle Erkenntnisse erzielen. Bei Zeitschriften, die bundesweit verbreitet werden, empfiehlt es sich, Fokusgruppen in mehreren Regionen anzusetzen, um regionale Unterschiede besser zu erkennen. Bei einem größeren Budget sollten auch Fokusgruppen mit potenziellen Lesern gebildet werden. Bei ihnen lässt sich erkunden, aus welchen Gründen sie das Medium trotz eines grundsätzlichen Interesses am Thema nicht nutzen – und was sie überzeugen könnte.

Konkurrenzanalyse und Benchmark

Vor dem Relaunch sollte eine Analyse der Mitbewerber stehen. Die Analyse kann mit einem Benchmark verbunden werden. Benchmark bedeutet, dass man das eigene Produkt anhand verschiedener Qualitätskriterien an seinen Mitbewerbern misst. In der Regel wird dabei der Marktführer als Maßstab genommen. Verlage, die selbst den Marktführer herausgeben, können sich aber auch an Mitbewerbern messen, die zum Beispiel überdurchschnittliche Wachstumsraten erzielen.

Folgende Leitfragen helfen, einen Überblick über die Marktlage zu bekommen:

Welche Mitbewerber gibt es? In dem dicht besetzten deutschen Markt ist es nicht ungewöhnlich, dass selbst kleine Fachzeitschriften mit vier, fünf oder noch mehr Titeln konkurrieren. Vergessen Sie bei der Analyse nicht die Medien an der Peripherie ihres Mediums, also solche, die ihre Zielgruppe am Rande ebenfalls abdecken. In die Betrachtung einbeziehen sollte man zum Beispiel erfolgreiche Blogs. Von ihnen lässt sich lernen, welche Themen die Interessenten an einem Thema umtreiben. Hilfreich ist es bei der Planung eines Relaunchs auch, ähnliche Objekte in ausländischen Märkten zu untersuchen. Schweizer, österreichische sprechen eine ähnliche Zielgruppe an;

amerikanische, britische, französische oder italienische Zeitschriften oder Zeitungen kämpfen oft auf einem noch viel härteren Markt, weil die Renditevorgaben höher und die Leseneigung geringer sind. Von ihren Ideen kann man also lernen. Als Online-Portal werden sie ohnehin zumindest mit englischsprachigen Angeboten unmittelbar im Wettbewerb stehen.

Welche Auflage (oder Page Impressions) und Reichweite haben die Mitbewerber? Diese Zahlen dürften dem Vertrieb und dem Anzeigenverkauf ohnehin geläufig sein. Selbst die Redaktion wird in der Regel die Zahlen kennen. Wichtig ist dabei auch, die Entwicklung der Auflage oder Reichweite zu betrachten. Die Autoren haben in Relaunchworkshops schon Redaktionen einer marktführenden Zeitschrift erlebt, die auf einen Mitbewerber mit zweistelligen Wachstumsraten naserümpfend herabgeblickt haben.

Welche Marktdurchdringung hat das eigene Objekt, welche die Mitbewerber? Diese Angaben geben Aufschluss darüber, ob durch einen Relaunch neue Leser- oder Userschichten zu erreichen sind. Auf einer hohen Marktdurchdringung sollte sich eine Redaktion nicht ausruhen, eine niedrige Marktdurchdringung erlaubt zumindest Wachstum.

Welches Renommee besitzt das eigene Objekt in der Branche, welches die Mitbewerber? So etwas kann man natürlich durch repräsentative Umfragen herausfinden. Oft reicht es aber, regelmäßig Leser und Nicht-Leser zu befragen. Fachzeitschriften und Special-Interest-Titel können sich in der Branche umhören. Dabei ist Ehrlichkeit gegenüber der eigenen Leistung notwendig. Wir haben bei Relaunch-Beratungen Redakteure erlebt, die hinsichtlich des Renommees ihres eigenen Mediums einigen Illusionen aufgesessen waren.

In Fokusgruppendiskussionen wird gelegentlich mit folgendem Mittel gearbeitet, um eine Einstellung gegenüber dem Medium zu ermitteln. Die Teilnehmer werden gebeten, sich die Zeitschrift oder Zeitung als einen Menschen vorzustellen. „Wie würden Sie einen solchen Menschen charakterisieren", lautet dann die Bitte. Bei einer regionalen Tageszeitung klang die durchschnittliche Beschreibung dann ungefähr so: „Die Zeitung stelle ich mir als einen älteren Mann vor, so Ende 50, Anfang 60. Er ist eher so der Hausmeistertyp, der alles besser weiß, jeden im Flur anmacht und ständig Verbote und Gebote erlässt. Man kann sich nicht wirklich mit ihm unterhalten, weil er dauernd selbst am Reden ist. Er kleidet sich grau und langweilig und hat von moderner Technik nur sehr begrenzt Ahnung." Man kann sich vorstellen, dass die verantwortlichen Redakteure dieser Zeitung von der Beschreibung nicht gerade begeistert waren.

Die gleiche Methode setzen wir in Relaunchworkshops ein, um Redakteure ihr eigenes Blatt beschreiben zu lassen. In vielen Fällen kommt dabei ein realistisches, oft nicht sonderlich schmeichelhaftes Bild heraus. Dabei sollte man darauf achten, dass die Teilnehmer nicht den „typischen Leser" beschreiben, sondern wirklich sich das Medium als einen Menschen vorstellen. In einer zweiten Stufe werden die Leser oder die Redakteure gebeten, zu beschreiben, wie der Mensch sein sollte, der ihre Zeitung oder Zeitschrift ist.

In einem Fall haben wir zum Beispiel bei einem Relaunchworkshop erlebt, dass die Redakteurinnen eines Special-Interest-Titels, dessen Leserschaft zu 80 Prozent aus Frauen bestand, ihr damaliges Blatt als einen älteren, besserwisserischen Mann beschrieben haben. Als Ziel des Relaunchs nannten sie ein Heft, das einer „klugen, gut informierten guten Freundin" ähnelte. Sicherlich dienen die Beschreibungen nur als Hinweis dafür, in welche Richtung sich ein Titel entwickeln sollte. Für Grafiker sind sie aber zum Beispiel ein wichtiger Anhaltspunkt, um sich über die Anmutung des relaunchten Projekts klar zu werden.

Wie ist die journalistische Ausrichtung der Mitbewerber und des eigenen Titels?
Viele Special-Interest- und Fachzeitschriften haben in den letzten Jahren Mitbewerber bekommen, die von den Verlegern und Redakteuren der länger bestehenden Blätter als solche „im Bild-Zeitung-Stil" beschrieben werden. Wir haben diese Formulierung bei sehr vielen Relaunchworkshops gehört, verbunden mit der Einschätzung des eigenen Blattes als „seriös" und „tiefgründiger". In vielen Fällen ist diese Selbsteinschätzung sicher richtig (oder zumindest fast richtig). In anderen Fällen besagt aber „im Bild-Zeitung-Stil" nur, dass die Wettbewerber Objekte leichter zugänglich, besser lesbar, also schlichtweg leserfreundlicher sind. Zumindest sind sie bei den Lesern erfolgreicher.

Leider besteht bei vielen deutschen Fachjournalisten noch die Vorstellung, der Leser müsse sich gehaltvolle Texte erarbeiten. Dingen, die er auf Anhieb verstehe, mangele es an Tiefgang und Niveau. Die meisten Leser hingegen haben aber weder Zeit noch Lust, sich Informationen mühsam zu erschließen. Sie bevorzugen verständlich aufbereiteten, gefällig präsentierten Stoff. Wer sich als Leser abquälen möchte, greift ohnehin besser nach sehr anspruchsvoller Literatur, deren Autoren eine schwer verständliche Sprache zumindest in Kunst verwandeln.

Bei einem Relaunch kann die journalistische Ausrichtung eines Titels neu justiert werden. So haben wir einem Magazin eines Fachverlages empfohlen, die erkennbar angestrebte Ausrichtung des Titels als „Nachrichtenmagazin der Branche" stärker journalistisch umzusetzen. Dies bedeutete für die Redaktion, nicht nur auf Berichte zu setzen, sondern Magazingeschichten zu schreiben. Diese zeichnen sich dadurch aus, dass sie Geschichten erzählen, Personen als Handelnde in den Mittelpunkt stellen und eine klare inhaltliche Tendenz zeigen.

Wie ist die journalistische Qualität der Mitbewerber, wie die eigene? Ein erster Indikator für journalistische Qualität ist die Größe der Redaktion. Mit einer Redaktion, die aus einem Redakteur, zwei Volontären und einem Praktikanten besteht, kann man in der Regel kein journalistisch hochwertiges Produkt erstellen, zumindest nicht, wenn es stündlich (online), täglich oder wöchentlich erscheint. Viel besser sind aber viele Außenredaktionen von Lokalzeitungen nicht ausgestattet. Ein Relaunch könnte hier zum Anlass genommen werden, Ein-Mann-Redaktionen zu größeren Einheiten zusammenzufassen. Zahlreiche Redaktionen von Fachzeitschriften und Internetportalen können sich ebenfalls eine bessere Ausstattung nicht leisten.

Allerdings bedeutet eine große Redaktion nicht immer guten Journalismus. Auch in großen Redaktionen kann sich Schläfrigkeit und Desinteresse breitmachen, zumal sich weniger eifrige Kollegen gut hinter den fleißigeren verstecken können. Und nicht jede Unzulänglichkeit lässt sich durch Personalmangel und Zeitdruck entschuldigen. So hören wir nach einer Blattkritik gelegentlich, dass der Vorspann eines Artikels oder eine Bildunterschrift deshalb so schwach seien, weil im Redaktionsstress keine Zeit für eine bessere Version geblieben sei. Diese Entschuldigung überzeugt nicht: Ein guter Vorspann benötigt nicht mehr Zeit als ein schlechter. Dies konnten wir in Seminaren nachweisen: Jeder Teilnehmer schaffte es, in weniger als drei Minuten aus einem schlechten Vorspann einen besseren zu machen.

Welche Gründe für die Stärken und Schwächen der Mitbewerber lassen sich ermitteln? Vermutlich kennen die meisten Verlage nicht die betriebswirtschaftlichen Details ihrer Mitbewerber. Dennoch gehört es zur Vorbereitung eines Relaunchs, mögliche Gründe für die Stärken und Schwächen der Mitbewerber herauszufinden. Die offensichtlichsten sind:

- höhere Etats,
- größere Redaktion,
- besser qualifizierte Redaktion,
- bessere Technik,
- besserer Vertrieb und bessere Anzeigenakquisition,
- bessere Vernetzung in der Branche oder Region.

Einem Mangel an Qualifikation kann durch eigene Qualifizierungsmaßnahmen entgegengetreten werden. Auch ein Mangel an Vernetzung lässt sich mit der Zeit beheben. Höhere Etats aber muss man in vielen Fällen durch bessere Ideen oder zum Beispiel durch eine Konzentration auf Nutzwert oder Storys aufwiegen.

Eine weitere wichtige Frage lautet: *Welche Leserbedürfnisse decken die Mitbewerber ab, welche das eigene Medium?* Ein Online-Fachportal könnte zum Beispiel darauf setzen, ein möglichst umfassendes Nachrichtenbild der Branche zu geben. Eine Tageszeitung erfüllt in erster Linie den Wunsch der Leser, über Vorgänge in der eigenen Gemeinde ausführlich und hintergründig informiert zu werden. Eine Fachzeitschrift kann sich auf den Nutzwert konzentrieren. Vor einem Relaunch benötigen Verlag und Redaktion ein klares und objektives Bild davon, welche Leserbedürfnisse die Mitbewerber abdecken. Im Rahmen der Positionierung muss dann entschieden werden, ob man sich lieber eine Lücke sucht oder die Konkurrenz in ihren Kernkompetenzen mit einem besseren Angebot herausfordert.

Es erwies sich nach der Erfahrung der Autoren in einigen Fällen als schwierig, in Workshops von Redaktionen eine möglichst objektive Sicht auf die Mitbewerber zu erhalten. Dies liegt im Wesentlichen daran, dass die Redakteure ihre Kollegen kennen, selbst schon einmal bei der Konkurrenz gearbeitet haben und von journalistischen Vorlieben oder Abneigungen geprägt sind. Nicht selten fehlt ihnen auch ein Überblick über ähnliche Märkte, so dass sie kaum vergleichen können.

SWOT-Analyse

Die Autoren dieses Buches beginnen einen Relaunch fast immer mit einer Blattkritik (oder Onlinekritik) – also einer journalistischen Bestandsaufnahme. Dabei untersuchen wir drei bis vier Ausgaben einer Zeitschrift, vier bis fünf Ausgaben einer Zeitung oder wir surfen an vier bis fünf Tagen auf den entsprechenden Seiten. Wir achten dabei besonders auf:

- verständliche, klare Sprache,
- die Vielfalt (oder deren Mangel) an Darstellungsformen,
- das Maß an Eigenleistung im Vergleich zur Veröffentlichung von PR-Mitteilungen oder Agenturmeldungen,
- die Qualität der Kurztexte, also Überschrift, Vorspann, Bildunterschrift, Zwischentitel,
- die Leserfreundlichkeit und Eindeutigkeit der Gestaltung.

Ein sehr wichtiges Kriterium ist das hier an dritter Stelle aufgeführte, nämlich die journalistische Unabhängigkeit. Dieses Problem existiert für alle Medien, denn sie sind fast immer in irgendeiner Weise auf das Wohlwollen von Anzeigenkunden, Interessengruppen oder Politikern angewiesen. Es gibt jedoch zwei Medien, die besonders gefährdet sind: Anzeigenblätter und Fachzeitschriften. Eine Ausnahme sind natürlich Kunden- oder Mitarbeitermagazine. Sie sind klar als interessengeleitete Kommunikation definiert. Wer aber glaubt, in seiner Kundenzeitschrift deshalb den Leser mit Marketingphrasen belästigen zu müssen, kann gleich für das Altpapier produzieren.

Bei sehr vielen Fachzeitschriften ist es leider üblich, dass beim Schalten einer Anzeige PR-Artikel veröffentlicht werden. Die wenigsten Redakteure sind darüber glücklich, zumal eine solche Vermischung gesetzlich verboten ist. Sowohl die Landespressegesetze als auch das Wettbewerbsrecht stehen dieser Kopplung entgegen. Den Autoren sind im Laufe der Zeit nicht wenige Fachzeitschriften untergekommen, die aus nichts anderem als aus PR bestanden. In vielen Fällen handelte es sich zudem um schlechte PR. Für die Verlage waren solche Zeitschriften viele Jahre lang Goldgruben. Diese Zeiten sind vorbei – das Internet hat zu tief greifenden Veränderungen geführt. Drei Gründe lassen sich dafür anführen:

1. Unternehmen können heute über das Internet problemlos und kostengünstig direkt mit ihren Kunden kommunizieren. Sie sind auf Anzeigen in Fachzeitschriften nicht mehr angewiesen. Ebenso können sie ihre PR-Meldungen ins Netz stellen, wo sie von den Suchmaschinen global gefunden werden können, also präsenter sind als in irgendeiner Fachzeitschrift.

2. Bis vor kurzem konnten viele Unternehmen die Rezeption ihrer Anzeigen nicht messen. Ob ein Artikel gelesen wird, ließ sich nur mit aufwändigen Verfahren feststellen, die die wenigsten Fachverlage bezahlen konnten. Das ist heute anders: Klick-Raten, Page Impressions, Unique Users und Verweildauer auf einer Internetseite kann jeder Administrator ohne Probleme abfragen. Die Firmen stellen dabei fest, dass viele PR-Artikel nicht gelesen und viele Anzeigen nicht wahrgenommen werden.

3. Auch die Verlage müssen plötzlich feststellen, dass ihre Produkte keinen ausreichenden Zuspruch bei den Lesern finden. Unverändert veröffentlichte Pressemitteilungen werden von Google ignoriert, allzu offensichtliche PR von den Usern. Redakteure mussten die Erfahrung machen, dass auf ihren Nachrichtenseiten gnadenlos weggeklickt wird, was sich wie Marketing und PR anhört. User suchen vor allem nach hochwertigem, eigenständigem, gut aufbereitetem Inhalt. In der Netzsprache spricht man vom „unique content".

Die Erkenntnisse über das Verhalten von Usern im Netz lassen erwarten, dass sich Leser von Zeitschriften nicht völlig anders verhalten. Im Zuge eines Relaunchs sollte deshalb immer die eigenständige journalistische Leistung in den Vordergrund gerückt werden. Dies bedeutet vor allem größere journalistische Unabhängigkeit, die ja bei Fachmedien durchaus mit Branchenaffinität einhergehen kann. Medien, die ihren Relaunch ohne Qualitätsoffensive angehen, werden damit auf Dauer keinen Erfolg haben. Das Instrument der Blattkritik wird in vielen Redaktionen nicht ernsthaft genug genutzt. Interne Blattkritik schläft vielfach ein oder wird zum Schaukampf der Ressorts untereinander. Externe Blattkritiker werden nur selten eingeladen; wenn es geschieht, trauen sich viele nicht, mehr als ein paar Nettigkeiten zu sagen. Dabei gibt die Blattkritik, gewissenhaft durchgeführt, hilfreiche Anstöße für einen „permanenten Relaunch". Wer sich vor einem Relaunch keine Fokusgruppen-Diskussionen leisten kann oder mag, sollte zumindest zwei bis drei Blattkritiken durchführen. Dabei können zum einen bei Fachmedien Experten eingeladen werden, die keine journalistische Erfahrung mitbringen. Bei Tageszeitungen mögen dies Politiker oder Vertreter des öffentlichen Lebens sein, deren Interessengeleitetheit man natürlich berücksichtigen muss. Zum anderen kann die Redaktion erfahrene Journalisten einladen, die vom Thema wenig oder keine Ahnung haben, jedoch die Vermittlung und Aufbereitung des Stoffes beurteilen können.

Vieles von dem, was wir in den Blattkritiken ansprechen, haben die Beteiligten schon geahnt. Anderes überrascht sie, was meistens auf eine gewisse Betriebsblindheit zurückzuführen ist, die sich mit den Jahren unweigerlich in jeder Redaktion einstellt. Am Ende der Blattkritik steht eine Zusammenfassung der Stärken und Schwächen, der Chancen und Risiken (so genannte SWOT-Analyse). Wer einen Relaunch optimal vorbereiten will, kann diesen Qualitätscheck für die wichtigsten Mitbewerber durchführen und sich mit seinen eigenen Stärken auf die Schwächen der Konkurrenz konzentrieren.

Die SWOT-Analyse (Strengths, Weaknesses, Opportunities, Threats = SWOT) kann Teil eines Positionierungsworkshops sein oder diesem vorausgehen. Am Positionierungsworkshop sollten möglichst viele Mitarbeiter beteiligt werden. Die Autoren ziehen fast immer neben der Redaktion und der Verlagsleitung Vertreter der Anzeigenabteilung, des Marketings und des Vertriebs hinzu. Sie alle haben eine spezifische Sicht auf das Medium, die beim Relaunch gehört und wenn möglich beachtet werden sollte. Wir haben es gelegentlich erlebt, dass zum Beispiel zwischen Mar-keting und Redaktion völlig unterschiedliche Vorstellungen darüber herrschten, in welche Richtung sich eine Zeitschrift entwickeln sollte.

Folgende Fragen müssen bei einer Analyse auf den Tisch: *Welche Schwächen hat die eigene Marke? Welche Stärken hat sie?*

Bei der Beantwortung dieser Frage sollten diese Bereiche ins Auge gefasst werden:

- Vertriebsstrukturen,
- Marktabdeckung,
- Bekanntheit in der Zielgruppe,
- Themenvielfalt. Zahlreiche deutsche Lokalzeitungen bestehen noch immer zu 80 Prozent aus Vereinsberichten und Lokalpolitik – damit werden sie in Zukunft nicht überleben können.
- Vielfalt an journalistischen Darstellungsformen. Printmedien haben nur eine Chance, wenn sie auf Hintergrund und gut erzählte Geschichten setzen. Je weniger narrative Darstellungsformen das Medium gegenwärtig bietet, desto dringender ist es, beim Relaunch gerade dieses Angebot auszubauen. Special-Interest-Zeitschriften und Fachmagazine sollten bei einem Relaunch die Anzahl der Reportagen und Features auszählen. Weniger als zwei pro Ausgabe bedeutet Alarmstufe Rot. Internet-Angebote müssen unablässig prüfen, ob sie dem raschen Wandel neuer Formen der Internetkommunikation gerecht werden.
- redaktionelle Kompetenz. Hier sollte ehrlich beantwortet werden, in welchen Feldern die Kompetenz der Redaktion besonders groß ist und wo es noch Nachholbedarf gibt. Je konkreter die Antwort ausfällt, desto besser.
- Meinungsfreude der Redaktion. Sie misst sich an der Zahl und der Klarheit von Kommentaren im Medium. In der Tageszeitung sollten zum Beispiel regelmäßig Kommentare auch im Lokalteil erscheinen. Fachzeitschriften und Special-Interest-Titel sollten überprüfen, ob sie überhaupt Kommentare veröffentlichen. Wenn nicht, muss diese Darstellungsform auf die Agenda. Internet-Seiten sollten ihr Nachrichtenangebot durch meinungsstarke Formen, zum Beispiel Blogs, ergänzen.
- Leser- oder Nutzerfreundlichkeit der grafischen Darstellung. Hierzu zählt u. a. die Qualität der Fotos. Viele Zeitungen und Zeitschriften leiden darunter, dass sie oft nur über schlechte, laienhafte Fotos verfügen können. Auf Internetseiten finden sich vielfach die immergleichen Symbolfotos preiswerter Agenturen oder gar nur kostenloses Fotomaterial, das von Herstellern zur Verfügung gestellt wird.
- Crossmedia-Vernetzung. Haben Zeitungen und Zeitschriften einen ansprechenden Internetauftritt? Nutzen sie die Möglichkeiten des Internet? Gibt es Blogs der Redakteure? Twittert die Redaktion? Stellt das

Medium Video-Casts ins Netz? Tageszeitungen haben in den letzten Jahren einen Relaunch genutzt, um einen Newsdesk einzuführen. Er koordiniert und bestückt die Print- und Online-Auftritte. Zeitschriftenredaktionen, vor allem von Special-Interest-Titeln und Fachzeitschriften arbeiten noch viel zu selten integrativ. Ein Relaunch ist ein guter Moment, Internet und Print zusammenzuführen. Zur Crossmedia-Frage gehört auch, ob die einzelnen Redakteure im Internet präsent sind: Sind sie in sozialen Netzwerken wie Xing zu finden? Wird die Redaktion im Netz vorgestellt? Kann man einzelnen Redakteuren dort problemlos eine E-Mail schicken?
- Leser-Blatt-Bindung. Sie drückt sich unter anderem darin aus, wie intensiv Leser und Nutzer mit der Redaktion in Kontakt treten, zum Beispiel durch Leserbriefe und die Kommentarfunktion im Internet.
- außerjournalistische Kompetenzen, zum Beispiel Kongresse, Branchenveranstaltungen, Podiumsdiskussionen, Partys, die mit der Marke verbunden werden.

Eine weitere Frage wird von den Beteiligten leider oft vernachlässigt: *Welchen Nutzen hat der Leser oder User von den jeweiligen Stärken eines Mediums?* Wir haben es bei Workshops schon öfter erlebt, dass die Redaktion eine Stärke besonders herausgestellt hatte (zum Beispiel zahlreiche, sehr spezifische Fachartikel). Wie sich jedoch in Fokusgruppen-Diskussionen herausstellte, wurde diese Leistung von den Lesern weder wahrgenommen noch nachgefragt. Sie besaß somit kaum Marktrelevanz. Die Frage nach dem Nutzen für den Leser muss im Workshop für jedes einzelne Element und jede einzelne Rubrik gestellt werden. Ein Relaunch ist die beste Möglichkeit, um sich von bestimmten Rubriken zu trennen. So fragen wir uns zum Beispiel, ob regionale und lokale Tageszeitungen noch täglich die Börsenkurse abdrucken müssen. Der Nutzen für den Leser ist meistens gering, denn er kann die Kurse im Internet umfangreicher und aktueller erfahren. Sicherlich würde es zu einigen Leserprotesten kommen, aber der gewonnene Platz kann durch eine nutzwertige Verbraucherberichterstattung ohne Zweifel besser genutzt werden.

In einem anderen Fall veröffentlichte ein Special-Interest-Magazin die zweihundertsoundsovielte Folge einer Darstellung von Tierkliniken in Deutschland. Es handelte sich um eine mehrseitige Aufzählung des Klinikangebotes. Die Recherche der kleinteiligen Informationen war zum Teil mühselig, der

Lesespaß lag nahe Null. Vor allem hatte die Rubrik nur geringen Nutzwert für den Leser – nämlich nur dann, wenn er genau in diesem Monat genau in dieser Region nach einer Tierklinik suchte. Ein solches Angebot gehört ins Internet, kombiniert zum Beispiel mit einer interaktiven Deutschlandkarte. Dann kann der User genau dann, wenn er eine Tierklinik in seiner Region sucht, auf die Informationen zugreifen und sogar von der Website des Magazins direkt auf die Website der Klinik weiterklicken.

Mit der Zeit nehmen in allen Zeitungen und Zeitschriften die Rubriken seit dem letzten Relaunch zu. Aus einer kurzfristigen Nachfrage im Redaktionsalltag entstehen neue Rubriken, die dann irgendwie bedient werden müssen. Eine solche Entwicklung ist nicht weiter schlimm, wenn bei einem Relaunch ihre Zahl regelmäßig wieder eingedämmt wird. Im Workshop sollte jede einzelne Rubrik und jede einzelne Serie auf den Prüfstand gestellt werden: Brauchen wir sie noch? Welchen Nutzen hat der Leser davon? Dabei sollte man sich nicht mit halbherzigen Antworten zufriedengeben. Die Redaktion sollte auf das Angebot verzichten, wenn sie Zweifel an seinem Nutzen hat. Wenn es sich später wider Erwarten doch als unabdingbar erweist und die Lesernachfrage stark ist, kann man es schließlich nachträglich wieder einführen. Viele Redaktionen sind unserer Erfahrung nach überrascht, wie wenige Leser nach einem Relaunch den Wegfall einer Rubrik bemerkten, die sie selbst für unverzichtbar gehalten hatten.

Es kann sein, dass einige Rubriken oder Elemente zwar den Lesern keinen Nutzen bringen, aber dennoch im Medium vertreten sein müssen, zum Beispiel weil es Anzeigenkunden verlangen.

Mehrere Male hatten wir es bisher mit dem Sonderfall zu tun, dass eine zu relaunchende Zeitschrift das offizielle Organ eines Verbandes war. In diesen Fällen hatten die Blätter einen Verbandsteil, der wahrlich kein reines Lesevergnügen darstellte. Er diente im Wesentlichen der Selbstbespiegelung der Funktionäre. Damit umzugehen, gibt es zwei Möglichkeiten:

1. Die Redaktion versucht die Verbandsvertreter davon zu überzeugen, dass journalistisch gut aufbereitete, spannende Artikel aus dem Verbandsleben auch dem Verband dienen. Denn sie werden öfter gelesen und finden größeren Zuspruch. Zugleich muss ihnen klar gemacht wer-

den, dass lange, trockene Berichte von Veranstaltungen und winzige Bilder mit zahlreichen, kaum zu erkennenden Funktionärsköpfen den Lesegenuss nicht steigern. Sollte diese Überzeugungsarbeit gelingen, kann beim Relaunch die Verbandsberichterstattung in die normale Heftdramaturgie eingebunden werden.

2. Können die Verbandsvertreter nicht davon überzeugt werden, so bleibt beim Relaunch nichts anderes übrig als einen „Textfriedhof für Verbandsberichte" einzuplanen, auch wenn man ihn bei der Präsentation besser nicht so bezeichnet. Damit ist ein Zeitschriften- oder Zeitungsteil gemeint, den der Leser sofort identifizieren und überblättern kann. Verbandsvorgaben widersprechen nämlich meistens allen journalistischen Kriterien. Zum Beispiel sollen alle Bilder etwa gleich groß sein, damit sich niemand übervorteilt vorkommt. Die Vorsitzenden und der Vorstand möchten sich selbst so oft wie möglich abgebildet finden. Auf den in der Regel laienhaft fotografierten Bildern stehen also immer viele Leute herum, auch solche, auf die es im konkreten Fall nicht ankommt. Im Artikel müssen alle Ehrengäste und Grußwortgeber zu Wort kommen. Der Bericht ist die bevorzugte Darstellungsform der Verbandsberichterstattung. Alles, was sprachlich oder inhaltlich anregender ist, wird als „Bild-Zeitung-Stil" diffamiert.

Eine weitere Frage, die in einem Positionierungsworkshop gestellt werden sollte, lautet: *Welche Zielgruppen müssen aus betriebswirtschaftlicher Sicht unbedingt bedient werden?* Zum Beispiel könnten wichtige Anzeigenkunden auf eine bestimmte Zielgruppe großen Wert legen, obgleich die Redaktion sie nicht für sonderlich wichtig und interessant hält. Oder der Verlag will einem Konkurrenten keine offene Flanke überlassen. Oftmals ist es aber sinnvoll, sich bei bestimmten Zielgruppen, die nicht die Kernzielgruppe sind, zurückzuziehen. Regional- und Lokalzeitungen tun oft gut daran, Bereinigungen an den Rändern ihres Erscheinungsgebietes vorzunehmen, zum Beispiel weil die Vertriebskosten höher sind als die Erlöse. So hatten wir es einmal mit einem Special-Interest-Titel für Aquaristen zu tun, die auch immer noch eine Ecke für Terrarienfreunde anboten. Oder mit einer Fachzeitschrift für Schafzüchter, die sich hin und wieder der Ziegenzucht widmete. Schaf- und Ziegenzüchter pflegen aber untereinander wenig Sympathie. Der Verlag musste sich entscheiden: Will er die kleine Zielgruppe der Ziegenzüchter verlieren? Will er sie halten, um zu verhindern, dass ein Mitbewerber einen Spezialtitel für Ziegenzüchter einführt? Oder will er gar selber einen Ziegenzüchtertitel auf den Markt bringen? Er entschied sich schließlich für einen Kompromiss: einen sechs Mal im Jahr erscheinenden Ziegenschwerpunkt, der sich auch einzeln abonnieren lässt.

2.2 Die Marke aus Sicht der Redaktion

In den meisten Fällen haben die Redakteure eine klare Vorstellung davon, wer ihre Leser sind. Es gibt jedoch Ausnahmen: Entweder die Redaktion behauptet, für ganz viele ganz unterschiedliche Leser zu schreiben. Oder sie schreibt für einen ganz anderen Leser, als ihn die eigenen Mediadaten beschreiben. Zwar kann man Mediadaten nur bedingt trauen, wie alle wissen, die damit befasst sind. Kommt es jedoch zu eklatanten Differenzen, sollte vor dem Relaunch definiert werden: Wer ist mein Leser? Dabei hilft ein kleines Gedankenexperiment, das wir in den Positionierungsworkshops mit Redakteuren, Vertriebsmitarbeitern, Marketingvertretern und Anzeigenverkäufern in kleinen Gruppen von zwei bis vier Leuten durchführen. Wir bitten die Teilnehmer: Schreiben Sie eine kleine, imaginierte Biografie ihres typischen Lesers oder Users! Beantworten Sie dabei Fragen wie: Ist er männlich oder weiblich? Wie heißt er? Wie alt ist er? Wie ist sein Familienstand? Was für eine Ausbildung hat er? Wie wohnt er? Was schaut er sich im Fernsehen an? Welche Medien liest er außer dem ihren? Welches Auto fährt er? Und so weiter.

Es ist wichtig, sich eine konkrete „typische Person" vorzustellen, nicht eine Paraphrasierung der Mediadaten. Wenn wir später die Biografien vergleichen, stellen wir viele Ähnlichkeiten fest. Der typischste dieser typischen Leser wird für den Rest unseres Relaunchs unser Leitbild. Einige Redaktionen haben ein gestelltes Foto oder eine Zeichnung des „typischen Lesers" anfertigen lassen und in der Redaktion aufgehängt. Wann immer ein Element des Relaunchs diskutiert wird, stellen sich die Beteiligten die Frage: Würde das unserem „typischen Leser" gefallen?

Natürlich kann der „typische Leser" auch eine Leserin sein. Bei einem Special-Interest-Titel, den wir beim Relaunch begleiteten, wurde zum

Beispiel viel mit männlichen Elementen wie Produkttests gearbeitet. Der „typische Leser" dieser Zeitschrift wurde dann allerdings von allen Redakteuren (genauer: Redakteurinnen) als weiblich beschrieben. Die Auswertung der Mediadaten bestätigte die Redaktion: Über 80 Prozent der Leser sind Frauen. Man tat demnach beim Relaunch gut daran, die eher von Männern bevorzugten technischen Produktvergleiche zu reduzieren. In einigen Fällen antworten Redakteure, es gebe keinen „typischen Leser", da die Zielgruppe zu heterogen sei. Dieses Argument beschreibt das Hauptproblem der betroffenen Medien: Wer keinen typischen Leser hat, hat keine klare Zielgruppe und kann folglich kein zielgruppengerechtes Produkt erstellen.

Das Heidelberger Markt- und Sozialforschungsinstitut Sinus Sociovision hat eine häufig genutzte Einteilung von sozialen Milieus in Deutschland erarbeitet. Die so genannten Sinus-Milieus verorten verschiedene soziale Gruppen auf zwei Achsen. Zum einen werden sie nach sozialen Schichten unterschieden, die sich an Einkommen, Beruf und Bildung bemessen. Zum anderen sind sie nach der Grundorientierung bzw. der dominierenden Wertehaltung geordnet, die von traditionell bis postmodern reicht. Sociovision hat den Anteil der einzelnen Milieus an der Gesamtbevölkerung ermittelt. In einer Grafik sind die Milieus als Wolken eingezeichnet:

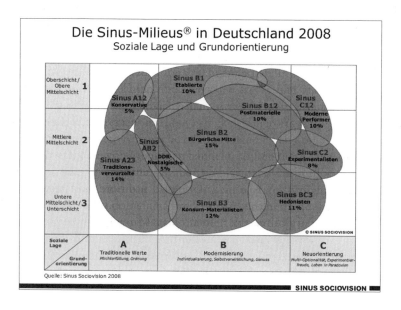

Mit Hilfe der Sinus-Milieus können Verlage und Redaktionen ihre typischen Leser beschreiben. Die jeweiligen Wertehaltungen geben Aufschluss darüber, wie sich die Gestaltung der Zeitschrift, Zeitung oder Website ausnehmen muss. Sie erlaubt gleichzeitig der Redaktion, das mögliche Spektrum der Inhalte und Darstellungsformen abzudecken.

Zugleich kann man erkennen, welche benachbarten Milieus man nach einem Relaunch zusätzlich erreichen kann. So stützt sich zum Beispiel die FRANKFURTER ALLGEMEINE ZEITUNG auf das konservative Milieu. Es macht aber nur rund fünf Prozent der Bevölkerung aus und nimmt ab. Die FAZ hat also nach ihrem Relaunch sich stärker für die Etablierten geöffnet und zeitweise – zum Beispiel mit den „Berliner Seiten" – sogar für die Postmateriellen.

Die wichtigste Leitfrage für den Relaunch lautet: Wie würde mein „typischer Leser" auf die Veränderungen reagieren? Welchen Nutzen hat er von den Neuerungen? Welche Themen, welche Gestaltungselemente möchte er gerne in seinem Medium finden? Von Ideen, die zwar nett sind, aber keinen Nutzen für den Leser haben, sollte man sich verabschieden. Wobei „Nutzen" hier nicht mit „Nutzwert" verwechselt werden darf. Vielmehr ist damit gemeint, dass das Medium spezielle Bedürfnisse der Leser erfüllt.

Dazu zählen:

- aktuelle Informationen (z.B. bei Nachrichtenportalen im Internet). Leser wollen zuverlässig und schnell wissen, was gerade passiert ist. Dabei kann es um allgemeine Nachrichten aus Politik, Sport, Kultur oder Wirtschaft gehen oder um Branchen-News. Schnelle Nachrichten werden immer mehr zur Domäne des Internets. Das bedeutet zugleich, dass Printprodukte, also Zeitschriften und Tageszeitungen, sich nicht auf die Wiedergabe von Nachrichten konzentrieren sollten. Das Nachrichtenbedürfnis ihrer Leser werden sie nie so gut und so schnell erfüllen können wie das Internet.
- spezifische Informationen aus der Region, der Kommune oder einer noch kleiner gefassten Einheit. Lokalzeitungen werden sich selbst hier mittelfristig der Konkurrenz des Internets ausgesetzt sehen. Konzepte, die sich auf lokale Nachrichten konzentrieren, sind deshalb nicht überzeugend.

- allgemeine Fachinformationen für den Beruf oder das Hobby (Überblickswissen, Trends). Sie sind der Schwerpunkt von Fachmedien im Internet, vorausgesetzt sie bieten originäre Inhalte und nicht nur kopierte Pressemitteilungen.
- spezifische Informationen (Detailinformationen aus einem Fachgebiet). Auch hierin werden auf mittlere Sicht Internetanbieter die Printmedien verdrängen. Das liegt daran, dass der User diese speziellen Informationen genau dann benötigt, wenn er sich gerade mit dem Thema beschäftigt. Er wird sie also mit Google suchen und nicht etwa in einer Fachzeitschrift nachblättern.
- Hintergrundwissen und Orientierungswissen, die das Verständnis von Zusammenhängen erleichtern. Dieses Angebot ist die Stärke der Printmedien. Sie haben genug Platz, um Dinge ausführlich und im Zusammenhang zu erläutern. Der Erfolg der Wochenzeitung DIE ZEIT beruht darauf, dass die Redaktion ihren Lesern die Informationen, die diese im Laufe der Woche über Internet, Fernsehen und Hörfunk aufgenommen haben, in einen Zusammenhang stellt.
- Interesse an Geschichten. Menschen lesen gerne Geschichten, also Reportagen und Features. Noch sind die Internetangebote nicht sonderlich gut darin, solche Geschichten zu erzählen. Zeitungen und Zeitschriften, die man entspannt im Lehnstuhl konsumieren kann, sollten diesen Vorteil nicht vergeben. Sie können das Bedürfnis nach gut erzählten Geschichten befriedigen.
- Nutzwert zur allgemeinen Lebensbewältigung (Diäten, Verbrauchertests etc.).
- Nutzwert für ein Spezialgebiet. Zu den am meisten geklickten Angeboten im Internet gehören Checklisten. Fachportale treten auch durch so genannte White Papers hervor. Dabei handelt es sich um Informationen mit hohem Nutzwert zur Lösung hochspezifischer Fachprobleme, zum Beispiel eine Anwenderbeschreibung, eine Anleitung oder eine Fallstudie. White Papers entstehen oft in Zusammenarbeit mit Unternehmen, zum Beispiel Anzeigenkunden.
- Unterhaltung. Dazu werden Klatsch und Tratsch gerechnet. Aber auch die oben schon erwähnten Lesegeschichten haben einen Unterhaltungswert.

2.3 Weiterentwicklung der Marke

Bevor an den Veränderungen eines Titels durch einen Relaunch gearbeitet werden kann, sollten die bestehenden Rubriken und Elemente auf den Prüfstand gestellt werden. Dazu lassen wir in den Relaunchworkshops die Teilnehmer eine Rangliste aufstellen. Sie sollen die Rubriken und Elemente der Zeitung, der Zeitschrift oder des Web-Auftritts nach ihrer Priorität ordnen: Was ist unverzichtbar? Auf was würde man am ehesten verzichten können. Jeder Teilnehmer schreibt seine eigene Liste. Bei dieser Frage ist es wichtig, dass am Ende wirklich ein Ranking steht, so dass nicht pauschal alles für unverzichtbar erklärt wird. Aufschlussreich ist oft die unterschiedliche Bewertung durch Redakteure, Vertriebsleute, Anzeigenvertreter und andere.

Ähnlich wichtig ist die Frage: Welche Zielgruppe könnte vernachlässigt werden? Die Antwort darauf ist für viele Redakteure, Anzeigenverkäufer, Vertriebs- und Marketingleute heikel. Sie muss aber gegeben werden, wenn sich die Titel gegenwärtig diffus darstellen oder versuchen, zu viele Zielgruppen abzudecken. Sie ist selbst dann aufschlussreich, wenn sich der Verlag am Ende entscheidet, keine Zielgruppe vernachlässigen zu wollen (siehe Kapitel 5.2).

Das ist allerdings selten eine gute Idee. Einst war das Wundertüten-Konzept des STERN, wie es Henri Nannen entwickelt hat, ein Erfolgsrezept. Jeder Leser, so die Vorstellung des STERN-Gründers, solle in jeder Ausgabe Überraschendes finden, das ihn fesselt. Heute gibt es eine unglaublich große Wundertüte, mit der niemand konkurrieren kann: Google. Verlage tun also gut daran, sich auf Zielgruppen zu konzentrieren. In der Medienkrise am Ende des ersten Jahrzehnts des 21. Jahrhunderts tun sich Special-Interest-Titel leichter als so genannte General-Interest-Magazine. Leser mit einem speziellen Interesse sind in der Regel treuer als allgemein interessierte Leser, falls das Produkt ihre Bedürfnisse bislang gut befriedigt hat. Zudem lassen sich ihre Informationsquellen nicht so leicht substituieren.

Der Relaunch eines Printobjektes muss heutzutage mit einem crossmedialen Konzept verbunden werden. Das bedeutet, der Verlag und die Redaktion müssen sich klar darüber werden, was im Internet, was in der gedruckten

Fassung Platz findet. Die empfohlene generelle Linie wurde weiter oben bereits angesprochen: Hintergrund und Narratives ist die Stärke von Print, Flexibilität und Schnelligkeit der Vorteil des Internets. Wir haben in mehreren Fällen während eines Relaunchs die Redakteure von Zeitschriften im „Schreiben fürs Netz" geschult, damit sie multimedial einsetzbar sind. Verlage sollten sich aber darüber im Klaren sein, dass eine Redaktion die Internet-Aufgaben nicht einfach so nebenbei bewältigen kann. Sollten keine zusätzlichen Kräfte dafür eingestellt werden können, wie in den meisten Fällen üblich, müssen die vorhandenen Kräfte beim Printobjekt entlastet werden.

Markenkonzept

Wir haben Verleger und Redakteure kennengelernt, die das bisher Vorgestellte für Firlefanz halten. Statt sich mit Positionierungsworkshops aufzuhalten, wollen sie gleich mit der Umgestaltung ihres Objektes durchstarten. Wir halten ein solches unvorbereitetes Vorgehen für falsch. In den Workshops hat sich sehr oft gezeigt, dass die Beteiligten sich schon lange nicht mehr gemeinsam Gedanken über die Positionierung des Objektes gemacht haben. Manchmal hatte man den Eindruck, dass Redakteure, Anzeigenvertreter und Marketingmanager von unterschiedlichen Produkten sprachen. Oft hörten wir den Satz: „Das stört mich schon lange!" Nur ausgesprochen hatten es die Wenigsten. Aber selbst wenn unter den Mitarbeitern eines Objektes relativ große Einigkeit herrschen sollte, erweist sich die gemeinsame Diskussion als hilfreich.

Selbstverständlich gibt es Grenzen: Bei sehr großen Redaktionen, zum Beispiel von Tageszeitungen, können unmöglich alle an einem Workshop teilnehmen. In diesen Fällen muss man sich darauf beschränken, Repräsentanten der beteiligten Gruppen einzubeziehen. Es erweist sich als produktiv, einen Relaunch nicht allein der Chefredaktion zu überlassen. Um nicht missverstanden zu werden: Beim eigentlichen Relaunch können auf keinen Fall (außer bei sehr kleinen Redaktionen) alle mitmachen. Das würde zu völlig fragmentierten, uneinheitlichen Patchwork-Lösungen führen – also genau das Gegenteil von dem bewirken, was ein Relaunch erreichen soll. Wir haben bislang einmal einen Relaunch mitgemacht, der ein wenig verlief wie eine Diskussion auf der Bundesdelegiertenkonferenz der Grünen über das Parteilogo. Jeder hatte was zu sagen, jeder hatte eine andere Vorstellung und schließlich wird aus einem altbackenen Auftritt ein nur unwesentlich modernisierter. Beim Relaunch entscheiden am Ende der Verleger und die Chefredaktion auf der Grundlage von zwei bis drei Anmutungen, die von einem Relaunchteam mit Grafikern ausgearbeitet wurden.

Budget

Die Kosten für einen Relaunch hängen selbstverständlich vom Aufwand ab. Eine Rolle spielt auch das Renommee der beauftragten Agentur, falls der Relaunch nicht aus eigener Kraft geleistet werden soll. Allerdings lassen sich einige Anhaltspunkte geben.

Als erstes muss die Frage geklärt werden, ob ein Verlag oder Internetanbieter den Relaunch mit eigenen Kräften stemmen will oder ob eine Agentur beauftragt werden soll. Vier Modelle sind üblich, von denen im Folgenden hier die Vor- und Nachteile erläutert werden:

1. Der Relaunch wird vollständig aus eigener Kraft bewältigt. Das bedeutet, die Beteiligten erarbeiten in Eigenregie ein Relaunchkonzept. Die hauseigene Grafik macht Vorschläge für eine Umgestaltung. Diese werden hausintern diskutiert und schließlich umgesetzt. Vorteil dieses Relaunchs mit Bordmitteln ist, dass er nur geringe Kosten verursacht. Da die Mehrarbeit von Chefredakteuren in der Regel nicht vergütet wird, fallen höchstens Kosten durch Überstunden oder die Freistellung der Grafiker an. Allerdings zeigt die Praxis, dass ein solches Vorgehen nur in Ausnahmefällen von Erfolg gekrönt ist. Es kann nur gelingen, wenn der Chefredakteur (oder die Chefredakteurin) bereits Erfahrung mit Relaunches hat. Eine wichtige Voraussetzung ist auch, dass er noch nicht allzu lange bei dem Medium arbeitet. Die Betriebsblindheit setzt relativ früh ein. Sobald sich der Chefredakteur noch erinnern kann, wie und warum es zu bestimmten Eigenheiten des Mediums kam, wird es für ihn sehr schwierig, ohne Anstöße von außen einen unverstellten Blick zu bewahren. Sollte der Verlag dann noch auf Methoden der Leserforschung (wie weiter oben beschrieben) verzichten, halten wir einen gelungenen Relaunch für fast unmöglich.

Zudem unterschätzen Chefredakteure den Aufwand, der auf sie zukommt. Sie müssten sich sehr gute Kenntnisse über Relaunchprozesse aneignen und die Entwicklungen und Trends in vielen verschiedenen Verlagshäusern und in vielen verschiedenen Medien analysieren. Wir können deshalb diese kostengünstigste Variante nicht empfehlen.

2. Der Relaunch wird aus eigener Kraft entwickelt, aber von einer externen Agentur grafisch umgesetzt. Diese Lösung ist ebenfalls relativ günstig. Der Preis hängt natürlich von der Qualität und Erfahrung der Agentur sowie vom Aufwand ab. Bei Fachzeitschriften und einfachen Websites lassen sich auf dem Markt Angebote unter 5.000 Euro finden. Beim Relaunch von Kunden- und Mitarbeiterzeitschriften wird gerne auf diese Lösung zurückgegriffen. Man setzt dazu die hauseigene Agentur ein, nicht zuletzt, weil sie mit dem Corporate Design des Unternehmens vertraut ist. Als Nachteil erweist es sich, dass es sich vielfach um Werbeagenturen handelt – und diese beschäftigen Werbegrafiker. Nach unserer Erfahrung fehlen den meisten Werbegrafikern ausreichende Kenntnisse über die Gestaltung journalistischer Medien. So haben die Grafiker einer Werbeagentur beim Relaunch einer Mitgliederzeitschrift einer süddeutschen IHK auf Untertitel und Vorspann bei größeren Artikeln verzichtet, ein journalistischer Kardinalfehler. Das Lesen einer Zeitschrift funktioniert nach anderen Gesetzen als die Lektüre einer Broschüre; eine Nachrichtenwebsite muss andere Usability-Anforderungen erfüllen als eine Firmenwebsite. Grafiker, die Erfahrung mit so genanntem Editorial Design haben, kosten in der Regel etwas mehr. Es ist mit Tagessätzen von 650 Euro und darüber zu rechnen. Die Erfahrung der Grafiker kann natürlich nur mit Blick auf das journalistische Konzept zum Tragen kommen. Darin liegt die Schwäche dieses Vorgehens, denn wie im ersten Fall tendiert ein selbst entwickeltes Relaunchkonzept zur Betriebsblindheit. Wir kennen eine Reihe von Tageszeitungen und Magazinen, die einen grafisch ganz ordentlichen Relaunch hinbekommen haben, dabei jedoch die journalistischen Kernprobleme ignorierten. Mit anderen Worten: Sie sahen zwar besser aus, waren aber noch genauso langweilig wie vorher. Für den Leser folgt daraus eine Produkttäuschung.

3. Externe Berater begleiten den grafischen und journalistischen Relaunch. Diese Methode wird von ungefähr der Hälfte unserer Kunden gewünscht.

In großen Häusern lässt sie sich auch verlagsintern regeln, das heißt, die Berater kommen aus dem Verlag, nicht aber aus der Redaktion. Sie hat den Vorteil, dass die Externen über einen besseren Marktüberblick verfügen, Trends und Entwicklungen national und international beobachten und in der Regel schon mehrere Relaunches begleitet haben. Vor allem aber stellen sie Dinge in Frage, die die Redaktion für selbstverständlich hinnimmt. Ein Beispiel: Bei einem Special-Interest-Magazin, dessen Relaunch wir begleitet haben, hatte sich über Jahre eine hochkomplizierte Systematik für den Terminkalender entwickelt. Erst auf Nachfrage wurde den Redakteuren klar, dass selbst sie diese Systematik nicht mehr richtig durchschauten. Beim Relaunch wurde deshalb der Terminkalender radikal vereinfacht. Die Redakteure selbst hätten das System vermutlich niemals in Frage gestellt. Die externe Beratung erstreckt sich auch auf die Grafik. Externe Grafiker mit Relauncherfahrung stehen dabei den redaktionsinternen Grafikerinnen und Grafikern bei. Gemeinsam diskutieren sie in mehreren Sitzungen die jeweilige Weiterentwicklung der Gestaltung. Der Vorteil dieses Vorgehens: Den hausinternen Grafikern wird kein neues Layout oktroyiert. Sie entwickeln es selbst und gewinnen ein Gefühl für die Logik dahinter. Außerdem sind sie nachher in der Lage, eigenständig das Layout zu erweitern, wenn sich im Laufe der Zeit der Bedarf auftut. Mit der Beratung gehen Schulungen der Redaktion zu den journalistischen Schwachstellen einher. Der Relaunch einer Fachzeitschrift, eines Kundenmagazins oder eines Special-Interest-Titels kostet bei diesem Vorgehen im Durchschnitt zwischen 12.000 und 25.000 Euro. Ein Anzeigenblatt-Relaunch käme ungefähr auf den gleichen Betrag, Tageszeitungen sind wegen des hohen Aufwands eher teurer.

4. Der Relaunch wird vollständig von einer entsprechend spezialisierten Agentur übernommen. Die Redaktion erhält am Ende Musterseiten, so genannte Templates, mit denen sie weiterarbeiten kann. Der Prozess ist in der Regel mehrstufig. Wir erläutern ihn weiter unten. Dieses Vorgehen wird von großen Verlagen aus strategischen Gründen bevorzugt. Die Berliner Agentur Kircher-Burkhardt hat unter anderem den TAGESSPIEGEL, die WELT AM SONNTAG und die STUTTGARTER ZEITUNG neu gestaltet. Auch kleine Verlage können, in kleinerem Maßstab, so vorgehen. Zum Beispiel verzichten kleine Fachverlage oft auf eigene Grafiker und arbei-

ten nur mit Produktionern. Sie müssen also den Grafikrelaunch einkaufen. Es kommt auch oft vor, dass bei kleineren Medien die Layouter so mit dem Tagesgeschäft beschäftigt sind, dass keine Zeit für einen Relaunch bleibt. Auch hier sollte der Relaunchprozess von Schulungen der Redaktion begleitet werden. Wichtig ist es, die Redaktion frühzeitig einzubinden, damit ihr der Relaunch am Ende nicht als etwas Übergestülptes vorkommt. Erfahrungsgemäß stoßen die Bemühungen am Anfang auf die Skepsis altgedienter Redakteure. In einem Falle ist es uns sogar passiert, dass der Chefredakteur eines Titels aus Protest gegen den vom Verlag angeordneten Relaunch zurücktrat. Er hat den Schritt später bereut. Wenn erst einmal die Entwürfe für den Relaunch vorliegen, freunden sich die Redakteure sehr schnell mit den Neuerungen an. Als Kosten für einen kompletten Relaunch können im Durchschnitt zwischen 15.000 und 50.000 Euro angesetzt werden. Bei großen Objekten kommen auch leicht 100.000 Euro und mehr zusammen. Websites-Relaunches können (ohne Programmierung) etwas günstiger werden.

3 In sieben Schritten zum Relaunch

Wie könnte sich der Relaunchprozess gestalten? Exemplarisch finden Sie hier einen Ablauf, wie wir ihn bei mehreren Kunden durchgeführt haben. Natürlich hängt der Aufwand vom jeweiligen Medium ab, der Plan kann aber einen Eindruck vom Vorgehen vermitteln. Im vorgestellten Fall handelte es sich um den Relaunch einer Fachzeitschrift aus der Elektronikbranche. Der Prozess ist natürlich auch auf andere Zeitschriftentypen, Tageszeitungen, Kunden- und Mitarbeitermagazine sowie Websites übertragbar.

Erster Schritt: Benchmarkanalyse

Der Prozess startet mit einer Benchmarkanalyse. Darin werden die journalistische und grafische Qualität der Zeitschrift analysiert. Dies erfolgt in der Regel durch einen externen Berater. Es geht dabei weniger um die fachliche Qualität, also ob die Artikel faktisch richtig sind, als um die Leserfreundlichkeit des Blattes. Folgende Fragen werden dabei im Mittelpunkt stehen:

- Wie gut ist der Inhalt aufbereitet?
- Findet man sich in dem Magazin schnell zurecht?
- Erschließt sich auf Anhieb der Sinn von Rubriken, Unterteilungen, Gestaltungselementen?
- Gibt es eine überzeugende Heftdramaturgie?
- Ist erkennbar, welche Artikel der Redaktion wichtig sind, welche weniger wichtig?
- Fesseln die Bilder und Grafiken die Aufmerksamkeit?
- Sind die Bilder sinnvoll eingesetzt oder erschließt sich dem Leser ihr Sinn nicht?
- Sind journalistische Schwerpunkte gesetzt, zum Beispiel durch die Titelgeschichte?
- Handelt es sich bei den Artikeln um journalistische Leistungen oder um Marketing- und PR-Beiträge?
- Schreiben die Autoren profiliert oder sind sie austauschbar?

- Ist der Nutzwert für den Leser auf Anhieb erkennbar?
- Ist die Darstellung für die Zielgruppe gut verständlich?
- Sind die Kurztexte (Überschrift, Vorspann, Bildunterschrift, Zwischentitel) anregend?

Die Qualität der Fachzeitschrift wird mit derjenigen der Mitbewerber im Markt verglichen. Gelungene Elemente der Konkurrenz können Anregung für eigene Weiterentwicklungen sein. Auch ein Vergleich mit ähnlichen Fachzeitschriften im Ausland bietet sich an. Im Kapitel „Typische Schwachstellen" werden wir noch auf einzelne Punkte eingehen.

Es hat sich als produktiv erwiesen, wenn der Benchmark von einem externen Berater durchgeführt wird. Branchenkenntnisse oder Fachkenntnisse des Themengebiets sind dabei nicht erforderlich, im Gegenteil, sie können sich sogar als hinderlich erweisen. Bei Fachzeitschriften und Websites für ein Fachpublikum kann allerdings zusätzlich der Rat vom entsprechenden Experten eingeholt werden. Bei Websites wird neben der Gestaltung die Bedienfreundlichkeit, die so genannte Usability, untersucht.

Die Benchmarkanalyse mündet in eine Präsentation, die rund ein bis eineinhalb Stunden dauert. Zur Präsentation werden alle Beteiligten eingeladen, also Redaktion, Vertrieb, Anzeigenabteilung, Marketing und die Verlagsleitung. Bei großen Objekten wird man sich auf Repräsentanten beschränken.

Zweiter Schritt: Positionierungsworkshop

Der Positionierungsworkshop wurde bereits weiter oben angesprochen. Er dauert rund einen Tag. Sein Ziel ist es, dass alle Beteiligten am Ende eine gemeinsame, klare Vorstellung von der Positionierung des Objekts haben. Es sollte Einigkeit über zwei bis drei Alleinstellungsmerkmale geschaffen werden und Klarheit darüber, was in welchem Zeitraum von wem zu tun ist. Deshalb werden am Ende des Positionierungsworkshops Arbeitsaufträge vergeben und Termine für ihre Erledigung festgesetzt.

Dritter Schritt: Relaunchworkshop

Im Beispielfall folgte der Relaunchworkshop einen Tag nach dem Positionierungsworkshop. Er dauerte ebenfalls einen Tag. Im Relaunchworkshop werden folgende Punkte behandelt:

- Festlegung der gewünschten und notwendigen Heftinhalte. Es geht darum, neue Rubriken und Inhalte festzulegen und Bestehendes auszumisten. Am Ende steht eine Liste, welche Rubriken es in dem relaunchten Objekt weiter geben wird, welche neu hinzukommen und welche verschwinden. Die Liste der Rubriken für das Heft nach dem Relaunch muss überschaubar bleiben!
- Heftdramaturgie und Leserführung. Hier entscheiden sich die Teilnehmer für ein Dramaturgiemodell. Grundsätzliche Entscheidungen müssen hier ebenfalls besprochen werden, zum Beispiel ob es ein Farbleitsystem geben soll. Oder, im Falle einer Tageszeitung oder eines Zeitungsformates, wie viele und welche Bücher das Blatt haben kann. Wir haben erlebt, dass Teilnehmer an dieser Stelle bereits Details diskutieren wollten, zum Beispiel, welche Farben für das Leitsystem verwendet werden sollten oder wie einzelne Rubriken genau heißen würden. Dafür ist es jedoch an dieser Stelle noch viel zu früh.
- Journalistische Mittel (Darstellungsformen, Umfang, Elemente), die in Zukunft eingesetzt werden sollen. Dabei sind die Bedürfnisse der Leser und die Ressourcen der Redaktion abzuwägen.
- Elemente für die Verknüpfung von Print und Internet.
- Grafische Grundlagen: Wie die Zeitschrift in Zukunft aussehen soll (unter Berücksichtigung der Wettbewerber). Dabei geht es nicht darum, bereits Gestaltungselemente auszusuchen. Vielmehr soll den Grafikern eine Richtung vorgegeben werden, in die sich das Blatt entwickeln möchte.

Ziel ist es, Grundlagen und Arbeitsanweisungen für die Grafiker zu erarbeiten und die Arbeitsgrundlagen für die Redaktion zu definieren.

Vierter Schritt: Relaunch

Im vierten Schritt geht es nun endlich an die Neugestaltung. Dazu entwickeln die Grafiker zwei bis drei so genannte Anmutungen, das bedeutet, sie gestalten einige ausgewählte Seiten, anhand derer sich die Beteiligten ein Bild von der künftigen Zeitung, Zeitschrift oder Website machen können. Wir empfehlen, eine Linie zu entwerfen, die sich sehr vieler neuer und moderner Elemente bedient, sowie eine konservativere Anmutung, die näher an der bisherigen Gestaltung verbleibt. Um die Linien vergleichen zu können, werden folgende neu gestaltete Seiten benötigt:

Für Zeitungen:
- Titelseite mit dem Zeitungskopf,
- zwei Seiten mit Nachrichten, kurzen und mittellangen Artikeln, auf denen sich auch besondere Elemente wie Info-Kästen oder Interviews finden,
- Seite mit großen Hintergrundgeschichten und Reportagen und entsprechenden Bildern,
- Aufmacherseiten eines Buches.

Für Zeitschriften:
- Titelseite mit Zeitschriftenkopf,
- Editorial,
- Inhaltsverzeichnis,
- Magazinseiten, d. h. Seiten mit Meldungen und kurzen Berichten,
- (doppelseitiger) Aufmacher für große Geschichten (große Strecke), zum Beispiel die Titelgeschichte und ein bis zwei Folgeseiten,
- Aufmacherseite für eine kleine Strecke, eventuell mit Folgeseiten, auf denen sich Elemente wie Info-Kästen, eingeklinkte kürzere Artikel und ähnliches finden.

Für Websites:
- Startseite,
- zwei bis drei Folgeseiten,

In der Regel erhalten die Grafiker zwei bis sechs Wochen Zeit, um die Anmutungen zu konzipieren. Man sollte ihnen ausreichend Zeit lassen, denn für die Grafiker handelt es sich um eine Phase des Ausprobierens. Sie müssen sich für Schriften, Raster und Farben entscheiden, verschiedene grafische Elemente ausprobieren und miteinander kombinieren.

Für die Gestaltung bietet es sich an, Artikel und Fotos aus bereits veröffentlichten Ausgaben zu verwenden. Ansonsten arbeiten die Grafiker mit Blindtext. Auf jeden Fall sollten Originalanzeigen aus einer alten Ausgabe benutzt werden.

Fünfter Schritt: Entscheidung für eine Gestaltungslinie

Die Grafiker präsentieren am Ende der vierten Phase die Gestaltungslinien, die sie entwickelt haben, in einem weiteren Workshop. An dessen Ende steht eine Entscheidung für eine Gestaltung. In einigen Redaktionen, vor allem den größeren, sind an der Entscheidung nur die Verlagsleitung und die Chefredaktion beteiligt. In kleineren Redaktionen werden alle Mitglieder einbezogen. Man sollte jedoch bedenken, dass Gestaltung bis zu einem gewissen Grad eine Geschmacksfrage ist. Zu viele Mitentscheider verwässern eine klare Linie. Nach unserer Erfahrung entscheiden sich übrigens die Verantwortlichen in den meisten Fällen für eine abgemilderte Fassung der radikaleren Version, die sie mit Elementen der konservativeren kombinieren. Dies liegt vermutlich daran, dass in der Regel die radikalere Linie moderner und frischer daherkommt und zeitgemäßen Sehgewohnheiten entspricht. Es erstaunt uns stets aufs Neue, dass die Entscheidung für den radikalen Relaunch nach dieser Präsentation meist auch von denen mitgetragen wird, die zu Beginn des Prozesses die Notwendigkeit eines Relaunchs überhaupt in Zweifel gezogen hatten.

Für die Präsentation der Gestaltungslinien und ihre Diskussion sollte man rund einen Tag einplanen. Manchmal geht es schneller, aber es ist nicht hilfreich, sich allzu sehr unter Zeitdruck zu setzen. In der Regel werden die Entwürfe auf Pappen geklebt. Zusätzlich sollten Dummys bereitgestellt werden, wenn möglich auf Originalpapier. Ist die Entscheidung über eine Gestaltungslinie gefallen, so machen sich die Grafiker erneut an die Arbeit.

Sechster Schritt: Ausarbeitung der Gestaltung

Auf Grundlage der Entscheidungen nach der Präsentation der Gestaltungslinien entwickeln die Grafiker einen Blindtext-Dummy. Als Bildmaterial sollten Fotos aus bereits veröffentlichten Ausgaben verwendet werden, es sei denn, nach dem Relaunch steht ein wesentlich größerer Etat für Bilder zur Verfügung. Wir haben Fälle erlebt, in denen die Grafiker die Blindtext-Ausgaben mit hochwertigen Stock-Fotos bestückt haben – später musste die Redaktion feststellen, dass die Seiten mit dem üblichen Fotomaterial schäbig aussahen.

Es hat sich bei unseren Relaunchs als hilfreich erwiesen, vor der Präsentation des Blindtext-Dummys Überschriften und Vorspänne auszuformulieren. Kurztexte mit Blindtext, oft ein ulkiges Kryptolatein, lenken die Betrachter ab, manchmal nur unbewusst. Außerdem kann man so besser beurteilen, ob ein bestimmtes Überschriftenkonzept aufgeht und ob die Vorspänne zu lang sind.

In den meisten Fällen reicht es aus, dass der Blindtext-Dummy bei Zeitschriften folgende Elemente umfasst:

- Titelseite mit dem Titelkopf,
- Editorial,
- Inhaltsverzeichnis,
- zwei bis vier Magazinseiten mit allen vorgesehenen möglichen Elementen (z. B. Bild des Monats, Infografik, Kurzmeldungsspalte, ein- und zweispaltige Meldungen),
- vollständige Aufmachergeschichte mit allen Seiten und Elementen,
- zwei bis drei kleine Strecken, darunter auch Sonderformen wie Interviews, mit allen benötigten Elementen, zum Beispiel Info-Kasten, Grafik, Kurzinterview, Autorenkasten, Tabelle und Kommentar,
- besonders gestaltete Serien und Rubriken,
- ggf. Bilderstrecken,
- Impressum,
- Schlussseiten (Rauswerfer),
- Vorschau.

Bei Zeitungen empfiehlt es sich hingegen, eine vollständige Ausgabe zu gestalten. Der Websiten-Relaunch ist einfacher. Da die Sites wesentlich stärker standardisiert werden müssen, um den User die Navigation zu erleichtern, reicht es, die Startseite mit allen ihren Elementen sowie drei bis vier Unterseiten anzulegen.

Zur Präsentation des Magazin-Dummys sollten die Seiten auf dem Originalpapier zusammengeklebt werden, so dass man die Seiten wie eine echte Zeitschrift durchblättern kann. Damit lässt sich der haptische Eindruck auf einen Leser besser simulieren. Zusätzlich werden die Seiten auf Pappe gezogen oder an einer Wand aufgehängt. So hat man die Dramaturgie und die Kohärenz der Seiten im Überblick.

Tageszeitungsdummys werden in der Regel aufgehängt oder auf Pappen geklebt. Wir empfehlen beides: zunächst die Präsentation auf Pappen, danach die Dummys.

Die Mehrzahl der Grafiker bevorzugt übrigens schwarze Pappen, weil sich dadurch die Kontraste besser darstellen. Allerdings lesen die wenigsten Menschen ihre Zeitung auf schwarzen Hintergrund, so dass auch manches für graue Pappen spricht. Danach können die Beteiligten das ganze Blatt nochmals aufgehängt an einer Wand betrachten.

Websites präsentiert man selbstverständlich auf dem Rechner. Bei größeren Gruppen sollte man das Monitorbild mittels eines Beamers an die Wand projizieren.

Siebter Schritt: Blindtext-Dummy

Der Blindtext-Dummy ist die Grundlage für die wichtigste Entscheidung im Relaunchprozess. Bei den meisten Zeitschriften, Zeitungen und Websites ist er die letzte Stufe vor der Produktion des relaunchten Produktes. Die Grafiker erarbeiten daraus die Templates für die erste Ausgabe im neuen Gewand. Redaktion und Verlag hoffen darauf, dass das neu gestaltete Objekt bei den Lesern oder Usern gut ankommt. Sicherlich ist es auch hier möglich, im kleineren Rahmen mit dem Blindtext-Dummy Marktforschung zu betreiben. Es zeigt sich jedoch, dass der normale Leser von den Abstraktionsanforderungen durch die Blindtexte abgelenkt wird. Außerdem kann er ja nicht das überarbeitete journalistische Konzept beurteilen, hat also nur den halben Relaunch vor Augen.

Bei sehr großen Zeitungen und Zeitschriften muss hingegen die Marktforschung vorbereitetet werden. Eine Arbeitsgruppe aus Redakteuren und Grafikern erstellt dazu einen Echttext-Dummy. Die Gruppe kann sicherlich vereinzelt auf bereits veröffentlichtes Material zurückgreifen. Vieles wird allerdings neu geschrieben und fotografiert werden müssen, vor allem, wenn der Relaunch zum Beispiel neue Darstellungsformen (zum Beispiel mehr und bessere Reportagen) vorsieht. Die Arbeitsgruppe legt am Ende Druck-PDFs einer gesamten Ausgabe vor. Die Exemplare für die Marktforschung werden also in der Druckerei gedruckt. Manchmal reicht eine an Umfang reduzierte Ausgabe mit den wichtigsten Elementen. Bei Websites geht es natürlich einfacher. Handelt es sich um umfangreiche Relaunchs sehr großer Titel, wird man vielleicht sogar mit zwei Alternativen in die Marktforschung gehen.

Anhand der Ergebnisse der Marktforschung fällt die endgültige Entscheidung. Wir haben nicht wenige Verleger und Chefredakteure getroffen, die der Marktforschung skeptisch gegenüberstehen. Die Skepsis ist nicht ganz unberechtigt. Schließlich haben große Verlage nach intensiver Marktforschung neue Titel herausgebracht, die dann am Kiosk gescheitert sind. Mancher Relaunch wurde zu Tode „gemarktforscht" und scheiterte bei der Kritik und bei den Lesern. Bis zu einem gewissen Grad sollten sich die Verantwortlichen also auf ihr journalistisches Bauchgefühl verlassen. Dennoch können in der Marktforschung noch einige grobe Schnitzer ausgebügelt und einige Feinheiten justiert werden.

Zum Relaunch entwickeln die Grafiker so genannte Templates. Das sind Musterseiten, die allen Beteiligten die Arbeit erleichtern. Es gibt immer noch zahlreiche Zeitschriftentitel, bei denen jeder Artikel einzeln gestaltet wird. Das hat zwei Nachteile:

Erstens erfordert es einen hohen Aufwand an Zeit und Personal. Die Redakteure können die Artikel nicht ernsthaft bearbeiten, bevor die Grafiker eine Gestaltung entworfen haben. Da viele Artikel erst kurz vor dem Redaktionsschluss vorliegen, häuft sich dann die Arbeit und der Stress steigt.

Zweitens müssen die Grafiker sich für jeden Artikel etwas Neues einfallen lassen – und sie tun es auch. Das führt dazu, dass vielleicht im Einzelfall attraktive Lösungen entstehen, darunter aber die Einheitlichkeit leidet. Der Leser hat den Eindruck, beim Umblättern in eine völlig andere Zeitschrift zu geraten.

Zeitungen und Websites haben dieses Problem naturgemäß nicht. Sie wären ohne Templates gar nicht zu produzieren.

Ein Relaunch ist darüber hinaus eine hervorragende Möglichkeit, ein weiteres Prinzip moderner Zeitungs- und Zeitschriftenproduktion einzuführen, falls es noch nicht üblich ist: nämlich Layout vor Text.

Wir haben „Layout vor Text" bei einigen Zeitschriften im Rahmen des Relaunchs eingeführt. Dabei sind wir fast immer zunächst auf die Skepsis der Redakteure gestoßen. Viele Kollegen fühlten sich in ihrer journalistischen Freiheit eingeschränkt. Sie brachten zudem vor, dass ein solches Vorgehen ihren Arbeitsprozess durcheinander werfe und ihre Arbeit verzögere. Wir hingegen sind überzeugt, dass kein Relaunch heute mehr ohne Templates – und damit ohne „Layout vor Text" – durchgeführt werden kann. Wir können uns nur eine Ausnahme vorstellen: avantgardistische, designorientierte Magazine, die sich gleichsam mit jeder Ausgabe neu erfinden. Aber die sind selten und kurzlebig.

Am Ende ließen sich übrigens die Redakteure stets überzeugen. Die Vorgabe, „auf Zeile" zu arbeiten, machte ihre Texte besser, und die Templates vereinfachten die Abläufe. Die Leser profitierten ebenfalls, denn die Redakteure erschwerten ihnen nicht das Lesen, indem sie noch ein paar Zentimeter vom Bild abzwackten oder die Zwischentitel wegließen, um mehr Text unterzubringen.

4 Typische Schwachpunkte

Bei unseren Analysen von Zeitschriften, Zeitungen und Websites sind wir auf eine Reihe von typischen Schwachpunkten gestoßen. An ihnen muss ein Relaunch ansetzen. Es handelt sich zum Teil um journalistische Schwächen, zum Teil um grafische. Auf die grafischen Elemente werden wir im folgenden Kapitel ausführlicher eingehen. Die Ursachen für die Schwachpunkte sind unterschiedlich:

Grafische Schwächen: Gestaltung unterliegt dem Zeitgeist. Wer eine Zeitschrift oder Zeitung in die Hand nimmt, kann oft ungefähr bestimmen, wann sie das letzte Mal relauncht worden ist. Farben, Formen, grafische Elemente kommen aus der Mode und werden durch andere ersetzt. Vieles, was man heute einem Medium als Schwäche ankreidet, war vor fünf, zehn oder 15 Jahren modern. Bei Websites vollzieht sich der Wandel noch rascher.

Redakteure und andere Beteiligte, zum Beispiel die Anzeigenabteilung, stellen ständig neue Anforderungen an die Grafiker. Eine Serie soll herausgehoben werden, ein grafisches Element eine Aktion der Redaktion begleiten, ein Artikel durch eine besondere Gestaltung veredelt werden – für all das müssen sich die Grafiker Ad-hoc-Lösungen einfallen lassen. Auch wenn die Sonderwünsche jedes Mal für sich genommen sinnvoll erscheinen, überwuchern sie mit der Zeit doch das Layout-Konzept. Ist eine Layout-Regel erst einmal gebrochen, lässt sich ihre Einhaltung kaum noch einfordern („Das haben wir doch bei dem und dem Artikel auch so gemacht ..."). Eine solche Entwicklung ist nahezu unausweichlich. Am Ende verliert die Gestaltung ihre Kohärenz. Ein Außenstehender, zum Beispiel ein neu hinzukommender Leser, bemerkt so etwas natürlich leichter als die Betroffenen.

Hinzu kommt, dass es in fast allen Redaktionen zu mehr oder minder heftigen Interessenkonflikten zwischen Grafikern und Redakteuren kommt. Grafiker haben in erster Linie die Gestaltung im Auge, also das Visuelle. Pointiert ausgedrückt: Am liebsten würden Grafiker nur mit Blindtext arbeiten. Den meisten Redakteuren geht es hauptsächlich um den Text. Sie sind gewillt, noch ein paar Zentimeter vom Bild abzuzwacken, um Platz für einen zusätzlichen Absatz zu gewinnen. Beide Gruppen kämpfen zudem mit der Technik. Wir haben noch kein einziges Content Managementsystem und kein einziges Grafikprogramm erlebt, das alle (auch die durchaus sinnvollen) Wünsche befriedigen konnte.

Journalistische Schwächen sind im Wesentlichen auf zwei Ursachen zurückzuführen. Erstens auf Nachlässigkeit durch Routine. Vieles, was die Redakteure in ihrer Ausbildung gelernt haben, wird im Alltag vernachlässigt. Dabei spielt oft der Stress eine Rolle, manchmal auch die Bequemlichkeit. Die meisten Kollegen, die in den relaunch-begleitenden Seminaren an die Grundregeln erinnert werden, gehen danach mit neuem Elan und geschärftem Bewusstsein an die Arbeit. Bei Fachzeitschriften und Fach-Online-Portalen kommt es allerdings vor, dass die Redakteure Seiteneinsteiger ohne fundierte journalistische Ausbildung sind. Ihnen helfen die Maßnahmen der Weiterbildung, systematische Kenntnisse für ihre Arbeit zu erlangen.

4.1 Kurztexte

Die häufigste und offensichtlichste journalistische Schwäche zeigt sich bei den Kurztexten. Von ihr sind alle Medien betroffen, egal ob Zeitung, Zeitschrift oder Website. Die Erfahrung aus der Beratung vieler Redaktionen zeigt, dass im Produktionsprozess noch immer nicht ausreichend Zeit für Überschrift und Vorspann eingeplant wird. Dabei sind gute Kurztexte eine Einladung an den Leser, sich mit dem Artikel zu beschäftigen. Sie ziehen den Leser in den Text und machen ihn neugierig auf das, was ihn dort erwartet. Sind die Kurztexte nicht anregend, blättert der Leser weiter und wird vermutlich niemals erfahren, was er verpasst hat. Es ist erstaunlich, wie viele Redakteure große Mühe auf eine Reportage oder ein Porträt verwenden, um es dann durch eine schwache Überschrift und einen lahmen Vorspann untergehen zu lassen.

Im Internet ist der Wettbewerb um den Leser übrigens noch härter. Eine misslungene Überschrift oder ein verpatzter Teaser sorgen nicht nur dafür, dass die Texte nicht angeklickt werden. Sie werden von den Usern noch

Schwachpunkte

nicht einmal gefunden, weil sie von den Suchmaschinen übersehen oder falsch eingeordnet werden.

Mediennutzer entscheiden innerhalb von drei Sekunden, ob sie sich mit einem Text näher beschäftigen oder lieber zum nächsten Angebot wechseln. Online-Medien und Printmedien konkurrieren heftig um die Aufmerksamkeit der Menschen. Online-Medien müssen sich darüber hinaus mit einem schier unübersichtlichen Angebot an Gleichartigem auseinandersetzen. Ein User kann mit zwei Klicks von der WELT zur STUTTGARTER ZEITUNG, zur SÜDDEUTSCHEN ZEITUNG, zur NEW YORK TIMES oder zu irgendeinem Blog wechseln – und alles nur, weil ihn eine Überschrift oder ein Vorspann nicht anspricht.

Unter den Schwächen bei den Kleintexten fallen besonders auf:

Kryptische Überschriften. Ein Leser, der eine Überschrift nicht auf Anhieb versteht, macht sich selten die Mühe, ihrer Bedeutung nachzuforschen. Überschriften über nachrichtliche Texte sollten den Küchenzuruf des Artikels treffen (was das ist, lesen Sie weiter unten). Selbst wenn die Überschrift mit Anspielungen und Wortspielen arbeitet, darf sie den Leser nicht im Dunkeln lassen. Er muss dann spätestens im Vorspann darüber aufgeklärt werden, was ihn erwartet. Manchmal kommt es vor, dass die Redaktion schier verzweifelt, weil die Layout-Vorgaben sinnvolle Überschriften verhindern. Die Zeitschriften AUTO - MOTOR - SPORT und OUTDOOR zum Beispiel erlauben nur Ein- oder Zweiwort-Titel, die – gemäß Redaktionsvorgabe – stets ein lustiges Wortspiel sein sollen. Leider ist das Wortspiel in zwei Dritteln der Fälle nicht lustig, sondern völlig unverständlich. Wo immer wir bei einem Relaunch auf solche fesselnden Vorgaben trafen, haben wir sie gelockert.

Vorspänne und Teaser, die zu viel verraten. Im Journalismus unterscheidet man zwei Arten eines Vorspanns. Der nachrichtliche Vorspann wird auch als Lead bezeichnet. Er beantwortet die W-Fragen und dient dem Leser dazu, die wichtigsten Fakten auf Anhieb zu erfahren. Er wird in Tageszeitungen und teilweise auf Websites bei Berichten eingesetzt. Wichtiger werden Vorspanne, die den Leser neugierig machen und ihn dazu veranlassen, in den Artikel einzusteigen oder auf „mehr" zu klicken. Ein sehr gelungenes Beispiel für einen solchen Vorspann, der nach dem Prinzip des Cliffhangers arbeitet, ist der folgende:

BEWERBUNGSGESPRÄCH
High Noon mit dem Headhunter
Mysteriöse Anrufe, heimliche Treffen, vertrauliche Verhandlungen: Selten bekommt man Einblicke in die Welt der Headhunter. SPIEGEL ONLINE war beim Bewerbungsgespräch eines Kandidaten dabei – erst lief alles glatt. Doch dann machte der Mann einen Fehler.

Wir haben diesen Teaser zahlreichen Teilnehmern in Journalistenseminaren vorgestellt. Einige hatten ihn bei SPIEGEL ONLINE gelesen. Jeder einzelne, der ihn gelesen hatte, hatte den Artikel angeklickt. Die Wirksamkeit eines solchen Teasers zeigt, wie viel Potenzial viele Redakteure durch Vorspanne und Teaser vergeben, die den Leser nicht neugierig machen. Auch dieses Problem kann übrigens eine grafische Ursache haben. Wenn die Vorgaben einen zu langen Vorspann vorsehen, kann kein Redakteur einen spannenden Text schreiben. Die Spannungskurve fällt nämlich stets nach einigen Zeilen ab. Ein guter Vorspann oder Teaser im Internet sollte deshalb nicht länger als etwa 350 Anschläge sein. Das sind ungefähr so viele wie die vorangegangenen viereinhalb Zeilen in diesem Buch.

Bildunterschriften mit Text-Bild-Scheren. Der Gründer der Zeitschrift STERN, Henri Nannen, sprach einmal davon, dass die Bildunterschrift dem Leser das Bild vorlese. Das heißt, es erklärt ihm, was das Motiv zu bedeuten hat und in welchem Zusammenhang es mit dem Text steht. Jede Bildunterschrift muss dem Leser also zunächst einmal mitteilen, was er auf dem Bild erkennen kann. Zugleich bietet die Bildunterschrift aber auch die Chance, den Leser neugierig zu machen auf das, was ihn im Artikel erwartet. Blickverlaufsstudien zeigen, dass zumindest bei Printmedien die Nutzer zunächst das Bild betrachten, dann die Bildunterschrift lesen. Bildunterschriften, die nicht sagen, was zu sehen ist, und die nicht Appetit auf den Artikel machen, vergeben demnach eine wichtige Chance. Das trifft auf so genannte Text-Bild-Scheren zu, wie hier bei einer Zeitung, an deren Relaunch wir beteiligt waren:

Das Bild der Bäuerin hat sich auch in Südtirol in den vergangenen Jahren von Grund auf geändert. Alte Klischees müssen fallen gelassen werden.

4.2 Artikel ohne Küchenzuruf

Das wichtigste Instrument im journalistischen Alltag ist der Küchenzuruf. Er geht zurück auf eine Anekdote des STERN-Gründers Henri Nannen. Knapp zusammengefasst, lautet sie ungefähr so:

Onkel Herbert und Tante Helga gehen am Donnerstag zum Kiosk und kaufen sich die neueste Ausgabe des STERNS. Zuhause angekommen zieht Onkel Herbert die Straßenschuhe aus und schlüpft in die Puschen. Dann geht er ins Wohnzimmer und legt sich auf die Chaiselongue, um in Ruhe in der Illustrierten zu lesen. Tante Helga begibt sich derweil in die Küche und erledigt den Abwasch.

Nachdem Onkel Herbert den ersten Artikel im STERN gelesen hat, ruft er zum Beispiel in die Küche: „Helga, stell dir vor, wenn das mit dem Klimawandel so weiter geht, liegt Frankfurt in 30 Jahren an der Nordsee!"

Jeder Text, der beim ersten Lesen verstanden werden will, braucht einen klaren Küchenzuruf – und zwar nur einen. Zum einen muss die zentrale Botschaft des Artikels klar, einsichtig und ohne weiteres auf den Punkt gebracht werden können. Zum anderen darf ein Artikel nicht mehr als eine zentrale Aussage haben.

In vielen Redaktionen wird noch nicht mit dem Küchenzuruf (oder einem ähnlichen Konzept) gearbeitet. Eine der häufigsten Schwächen von Artikeln, auf die wir bei der Analyse stoßen, ist ein fehlender Küchenzuruf. Die Folge sind wirre und schwer verständliche Artikel. Im Rahmen eines Relaunchs sollte die Arbeit in der Redaktion so organisiert werden, dass sie sich stets am Küchenzuruf orientiert. Das bedeutet: In der Themenkonferenz dürfen Redakteure Themen nur noch vorschlagen, wenn sie sie in Form eines möglichen Küchenzurufs formulieren. Der Küchenzuruf dient dem Briefing freier Autoren; er hilft dabei zu entscheiden, ob der Artikel gelungen ist und er erleichtert es, eine passende Überschrift und einen guten Vorspann zu formulieren. Wo er noch nicht üblich ist, muss also die Einführung des Küchenzurufs den Relaunch begleiten.

4.3 Berichtslastigkeit

Die Aufgabe von Journalisten ist es zu berichten, also Informationen zu verbreiten. Sie sollen sich dabei auf die Fakten konzentrieren und sie „sine ira et studio", ohne Zorn und ohne Eifer, liefern. Die Medien tragen damit zur Demokratie bei, indem sie den Menschen die Grundlage für eine eigene Meinungsbildung geben. Das ist das klassische Verständnis, wie es vor allen Dingen der angelsächsische Journalismus geprägt hat. Es hat auch heute noch seine große Berechtigung. Aber die Informationsquellen, die den Menschen heute zur Verfügung stehen, sind wesentlich vielfältiger als noch vor wenigen Jahrzehnten. Im Internet sind Informationen fast in Echtzeit erhältlich. Funktionen wie Twitter versorgen die Menschen mit Häppchen. Unternehmen und Politiker können die Bürger direkt ansprechen, indem sie sie auf ihrer Website informieren – natürlich interessegeleitet. Was aber vielen Menschen fehlt, ist ein Verständnis für die Zusammenhänge. Das Phänomen wird gelegentlich mit dem Wort „overnewsed but underinformed" bezeichnet.

Die Zukunft zumindest der Printmedien liegt nach unserer Überzeugung darin, diesem Mangel entgegenzutreten. Das Nachrichtenmagazin DER SPIEGEL wirbt mit einer Anzeige, die die Aufgabenverteilung zwischen Print und Internet sehr schön anschaulich macht:

Die Schwäche vieler Printobjekte ist es, noch zu stark im Berichtenden zu verharren. Tageszeitungen müssen sich, wenn sie eine Überlebenschance haben wollen, zum Erklärmedium wandeln, das seinen Lesern die Informationen des Tages in einen Zusammenhang stellt. Beim Relaunch sollte deshalb zunächst grafisch Raum geschaffen werden, um diese Hintergrundberichterstattung zu leisten. Das Konzept einer relaunchten Tageszeitung muss den Schwerpunkt auf Erklärstücke, Porträts, Feature und Reportagen legen. Im Grunde müssen Tageszeitungen täglich das leisten, was eine Wochenzeitung wie die ZEIT ihren Lesern einmal in der Woche bietet. Zusätzlich sollten die Redakteure befähigt werden, sich besser und häufiger dieser narrativen Formen zu bedienen.

Das, was Journalisten heute noch gern als „Chronistenpflicht" verteidigen, mag seinen Platz im Internet finden. Nicht selten kann man aber auch ganz darauf verzichten, denn oft genug verbirgt sich hinter der „Chronistenpflicht" lustlos abgelieferte Langeweile.

Ein kurzer Exkurs: Einige Tageszeitungen in den Vereinigten Staaten, von der Medienkrise extrem gebeutelt, gehen in diesem Sinn ganz radikale Wege. Die angesehene mormonische Tageszeitung CHRISTIAN SCIENCE MONITOR hat sich im Oktober 2008 entschlossen, wochentags ausschließlich im Internet zu erscheinen. Nur am Wochenende erhalten die Leser ein gedrucktes Exemplar, das die Nachrichten der Woche zusammenfasst, analysiert und Hintergründe liefert. Andere Zeitungen könnten diesem Vorbild durchaus folgen. Bei der Diskussion um einen Relaunch muss in Zukunft wohl auch in Deutschland diese Option geprüft werden.

Nicht anders sieht die journalistische Leistung bei vielen Zeitschriften aus, besonders bei den Fachzeitschriften und Special-Interest-Magazinen. Sie sind geprägt durch Berichte von Veranstaltungen, die dem Leser keinen erkennbaren Nutzen liefern. Kürzlich fanden wir in einer Fachzeitschrift einen Bericht zur Hannover-Messe, der die Überschrift trug: „Innovative Produkte". Es folgte eine Auflistung von Phrasen und Informationen, die man einfacher und kompakter den Messeunterlagen entnehmen konnte. Ein solcher Journalismus macht sich selbst überflüssig. Es zeigt sich an diesem Beispiel, dass es nicht reicht, bei einem Relaunch die Optik einer Zeitschrift zu verbessern. Denn kein noch so schönes Layout kann darüber hinwegtäuschen, dass ein solcher Artikel schlicht überflüssig ist.

In einem Relaunchkonzept müssen solche Schwächen angesprochen und Lösungen formuliert werden. Was man in diesem Fall beispielsweise tun könnte:

- „Die Highlights der Messe: Fünf Stände, die Sie unbedingt besuchen müssen."
- „Experten verraten: Das werden die Trends der Messe."
- „Top-Liste: Die besten und günstigsten Restaurants in Hannover während der Messe."
- „Checkliste: Das sollten Sie vor Hannover vorbereiten."

Außerdem Interviews, Porträts und Hintergrundberichte über die wichtigsten Aussteller der eigenen Branche. Wichtig ist, schon vor der Messe mehr zu bieten als nur das, was man ohnehin den Unterlagen entnehmen kann, vor allem Nutzwert für die Besucher. Das setzt voraus, dass die Redaktion eine weitere Schwäche bewältigt:

4.4 Fehlen von Schwerpunkten

Diese Schwäche macht sich grafisch wie inhaltlich bemerkbar. Viele Journalisten, vor allem von Fachmedien, trauen sich nicht, eindeutig Schwerpunkte zu setzen. Alle Artikel erhalten bei ihnen das gleiche Gewicht. Sie sind fast gleich lang, sie bedienen sich der gleichen Stilform, sie sind ähnlich bebildert. Tageszeitungen sind von dieser Schwäche weniger betroffen als Fachmagazine. Aber auch hier finden sich Seiten, meistens hintere Lokalseiten, die dem Leser die Hierarchie der einzelnen Elemente nicht deutlich werden lassen. Vielfach steht dann ein Vereinsbericht neben dem anderen, garniert mit trostlosen Fotos von vier oder fünf zusammen stehenden Funktionären. Leser ignorieren diese Seiten, denn der Blick bleibt nirgends hängen. Wir haben unzählige Fachzeitschriften kennengelernt, bei denen wir nicht erraten konnten, welchen Beitrag die Redaktion für wichtiger hält, welches Thema sie hingegen für weniger wichtig erachtet. Dabei ist genau das die Aufgabe von Journalisten: den Lesern einen gewichtete Auswahl zu bieten.

Ein Relaunch muss eine klare Hierarchisierung von Beiträgen vorsehen:

- Jede Seite einer Tageszeitung benötigt einen Aufmacher.
- Jede Zeitschrift muss zwischen längeren und kürzeren Artikeln abwechseln. Die Titelgeschichte muss von Umfang und Informationsleistung her eindeutig identifizierbar sein.
- Jedes Layout eines Internetportals muss dem User zumindest Anhaltspunkte dafür geben, welche Beiträge die Redaktion für bemerkenswerter hält als andere. Bei der Online-Gestaltung sind die Mittel einer Seitenhierarchisierung begrenzter als bei Printmedien. Dennoch gibt es Möglichkeiten, zum Beispiel die Platzierung oben oder unten, die Größe einer Überschrift, die Größe (und das Vorhandensein) eines Fotos oder die Breite des Beitrages.

Einige Redakteure haben uns auf unsere Kritik in dieser Richtung mit verschiedenen Argumenten geantwortet, auf die wir hier kurz eingehen möchten:

„Aber alles ist gleich wichtig!" Wem alles gleich wichtig ist, dem ist im Grunde nichts wichtig. Die Gewichtung von Informationen ist eine Aufgabe, für die Journalisten bezahlt werden – von ihren Verlagen und von ihren Lesern. Wer dieser Aufgabe nicht gerecht wird, dessen Arbeit kann durch eine Sekretariatskraft erledigt werden.

"Wir wollen eine möglichst große Vielfalt bieten. Der Leser kann sich dann selbst aussuchen, was ihm besonders wichtig ist." Keine Angst, genau das wird der Leser tun. Er wird vielleicht einen kurzen Artikel verschlingen, und den langen nicht einmal anlesen. Das ist sein gutes Recht. Aber ebenso hat er ein Anrecht auf ein Angebot der Redaktion zur Gewichtung.

"Unsere Anzeigenkunden schauen genau, über wen wir wie viel berichten – und wehe, ein Konkurrent bekommt zwanzig Zeilen mehr!" Gleiches wird übrigens von Parteien, Verbänden und Vereinen gesagt. Dieses Argument hat traurigerweise eine Berechtigung. Ein Fachredakteur hat uns einmal erzählt, dass er bei seinen Berichten über Podiumsdiskussionen die Zeilen auszählen muss, in denen jeder Teilnehmer zu Wort kommt. Wenn dem schweigsamen Vertreter der Firma X weniger Platz zugestanden wird als dem eloquenten Vertreter der Firma Y, meldet sich am nächsten Tag Firma X und droht mit Anzeigenentzug. Darauf einzugehen ist die Kapitulation des Journalismus. Wir verkennen nicht die wirtschaftlichen Zwänge, aber es kann mit einer Publikation nur abwärts gehen, wenn sie auf journalistische Gewichtung verzichtet. Wenn am Ende die Leser verschwunden sind, hält es auch die Anzeigenkunden nicht mehr – egal wie viele Zeilen sie bekommen. Generell sollte nach einem Relaunch gelten: Wer etwas Substanzielles zu sagen hat, bekommt viel Platz, wer nichts oder wenig zu sagen hat, bekommt wenig oder keinen Platz. Nur so lässt sich ein weiterer Fehler vermeiden:

4.5 Mangelnde Dramaturgie

Diese Schwäche betrifft vor allem Zeitschriften. Tageszeitungen haben eine vorgegebene Dramaturgie aufgrund ihrer Buchstruktur. Internetseiten unterscheiden im Wesentlichen zwischen Startseite und Unterseiten. Bei ihnen kommt es darauf an, dass der Leser sich ohne Probleme zurechtfindet. Die Zeitschrift jedoch muss ihre Leser durch eine Ausgabe lenken, sie sollte längere Artikel mit Meldungen abwechseln, Bilderstrecken mit Text-strecken, harte Themen mit weichen Themen. Wir gehen darauf in Kapitel 7 ein.

4.6 PR-Lastigkeit

In wirtschaftlich harten Zeiten sind Verlage geneigt, das Trennungsgebot zwischen Anzeigen und redaktionellem Inhalt etwas lockerer zu interpretieren. Das drückt sich bei Tageszeitungen zunächst in einer weniger kritischen Berichterstattung über bestimmte Firmen aus, die auch Anzeigenkunden sind. Welches Blatt kann es sich schon leisten, knallhart zum Beispiel über Arbeitsbedingungen bei Discountern zu berichten, wenn diese zweimal in der Woche ein bis zwei Seiten Anzeigen belegen? Der nächste Schritt ist dann, nicht nur nicht kritisch, sondern lobhudelnd über ein Unternehmen zu schreiben. Tageszeitungen stoßen dabei an eine gewisse Grenze, weil Leser auf solche Anbiederung sensibel reagieren. Ähnliches gilt für Publikumszeitschriften und Special-Interest-Blätter, wobei die Schwelle je nach Lesergruppe unterschiedlich hoch ist. Dass zum Beispiel bestimmte Frauenzeitschriften auf der einen, Mode- und Duftwassermarken auf der anderen Seite eine enge Allianz eingehen, ist den meisten Lesern bekannt und stört sie nicht weiter. Würde hingegen ein Magazin mit einer hohen journalistischen Glaubwürdigkeit, zum Beispiel der SPIEGEL, bei solchen krummen Geschäften erwischt, hätte das spürbarere Folgen.

Auch Websites, die nur PR-Meldungen veröffentlichen, haben unmittelbar unter Leserentzug zu leiden. Zum einen führen unredigierte Pressemeldungen zu einem schlechten Ranking bei der Suchmaschine Google, zum anderen sinkt die Verweildauer von Usern, wenn sie feststellen, dass sie mit blankem Marketing konfrontiert werden.

Wer sich auf dem Medienmarkt in Deutschland umblickt, weiß, dass Fachzeitschriften unter erheblichen Problemen mit der journalistischen Glaubwürdigkeit leiden. Bei vielen dieser Blätter sind die Vertriebseinnahmen gering. Sie hängen ausschließlich vom Anzeigenmarkt ab. Redakteure verdingen sich dort als Anzeigenverkäufer, auch wenn das von den Landespressegesetzen verboten wird. Unternehmen, die eine Anzeige schalten, erwarten und erhalten einen redaktionellen Beitrag als Dreingabe – unabhängig davon, ob er überhaupt etwas Mitteilenswertes zu sagen hat. Oft schreiben dort die Marketingmanager die Artikel und bestehen darauf, dass kein Wort geändert wird. Verfassen doch einmal Journalisten den Beitrag, wird er von den Unternehmen „freigegeben" – das heißt zensiert. Michael

Haller, Professor für Journalistik an der Universität Leipzig, sagt dazu in einem Interview mit der Berliner TAGESZEITUNG (TAZ): „Redakteure von Fachzeitschriften realisieren ihre Verantwortung oft nur gegenüber dem Eigentümer, der wirtschaftliche Erfolge wünscht und im Journalismus nur einen Kostenfaktor sieht. Das aber hat nichts mit der für den Journalismus zentralen publizistischen Verantwortung zu tun. Und die ist unter deutschen Redaktionsleitern ebenso unterentwickelt wie die Bereitschaft, Risiken auf sich zu nehmen."

Zeitschriften, die sich auf einen solchen Handel einlassen, sind mittelfristig zum Untergang verurteilt, weil sie den Lesern keinen Zusatznutzen bieten. Wenn sie aber ihre Leser verlieren, hält auch die Anzeigenkunden nichts mehr. Verleger sollten dann nicht mit Nachsicht bei den Anzeigenschaltungen für jahrelange Willfährigkeit rechnen.

Wie schizophren die Lage ist, zeigt eine Umfrage, in der die Kommunikationschefs der 500 führenden deutschen Unternehmen befragt wurden, welchen Medien sie am meisten vertrauen. An erster Stelle standen unter anderen die FRANKFURTER ALLGEMEINE ZEITUNG und das HANDELSBLATT. Es handelt sich hierbei nicht zufällig um Blätter, die besondern Wert auf journalistische Unabhängigkeit legen. Gerade weil die Kommunikationschefs über die Manipulationsmöglichkeiten besonders gut Bescheid wissen, wählen sie ihre Informationsquellen sorgfältig aus. Warum sollten ganz normale Leser anders reagieren?

Der Relaunch muss also zum Anlass genommen werden, um sich kritisch mit der journalistischen Unabhängigkeit des eigenen Blattes auseinanderzusetzen. In der Arbeit mit zahlreichen Redaktionen ist uns klar geworden, dass eine wünschenswerte Veränderung von 100 auf Null, also von totaler Willfährigkeit auf völlige Unabhängigkeit, nicht zu leisten ist. In der Regel empfiehlt sich eine allmähliche Emanzipation. Letztlich, so das wichtigste Argument gegenüber den Anzeigenkunden, profitieren auch diese von einer größeren Glaubwürdigkeit. Denn warum wollen Unternehmen in den redaktionellen Teil? Weil sie vermuten, dass sie dort auf größere Glaubwürdigkeit stoßen. Geht diese verloren, ist der gesamte Kommunikationskanal verstopft.

4.7 Fehlende Emotionen und Geschichten

Zahlreiche Medien fallen durch eine erstaunliche Kühle auf, durch einen Mangel an Emotionalität. Dieser drückt sich oft darin aus, dass in den Artikeln und auf den Fotos keine Menschen zu finden sind. Dabei interessieren sich Menschen seit alters her vor allem für andere Menschen. Neurowissenschaftliche Untersuchungen zeigen: Leser können sich die Fakten in einem Artikel besser merken, wenn sie ihnen in Form einer emotionalisierenden Geschichte präsentiert werden. Der Gehirnforscher Manfred Spitzer von der Universität Ulm schreibt dazu: „Was den Menschen umtreibt, sind nicht Fakten und Daten, sondern Gefühle, Geschichten und vor allem andere Menschen."

Der Neurobiologe Larry Cahill, Professor an der University of California in Irvine, konnte mit seinem Team in einer Studie zeigen, dass emotional ansprechende Geschichten dafür sorgen, dass Menschen sich besser an Fakten erinnern können. Versuchspersonen wurde eine emotional neutrale und eine emotional aufgeladene kurze Geschichte vorgelesen. Die neutrale Geschichte lautete wie folgt (zit. nach Manfred Spitzer: „Lernen", Heidelberg 2007):

> Ein Junge fährt mit seiner Mutter durch die Stadt, um den Vater zu besuchen, der im Krankenhaus arbeitet. Dort zeigt man dem Jungen eine Reihe medizinischer Behandlungsverfahren.

Die emotionale Geschichte las sich folgendermaßen (ebd.):

> Ein Junge fährt mit seiner Mutter durch die Stadt und wird bei einem Autounfall schwer verletzt. Er wird rasch in die Klinik gebracht, wo eine Reihe medizinischer Behandlungsverfahren durchgeführt werden.

Die Teilnehmer erhielten danach Informationen über einige Behandlungsmethoden. Nach einer Woche wurden die Probanden erneut befragt. Das Ergebnis: An die Fakten, die im Zusammenhang mit einer emotionalen Geschichte präsentiert wurden, konnten sie sich wesentlich besser erinnern. Cahill vermutet dafür zwei Ursachen: Zum einen führe die emotionale Geschichte zur Ausschüttung bestimmter Stresshormone (Adrenalin und Noradrenalin), die die Behaltensleistung verbessern. Zum zweiten aktiviert diese Geschichte die so genannte Amygdala (Mandelkern), den Teil des limbischen Systems, der ebenfalls mit der Stressverarbeitung beschäftigt ist. Selbst eine milde Form von Stress (so richtig atemberaubend ist die Geschichte ja eigentlich nicht) gräbt offenbar Erfahrungen stärker in unser Gedächtnis ein.

Es geht nicht darum, alle journalistischen Regeln des neutralen Berichtens über Bord zu werfen und fortan nur noch Geschichten zu schreiben, die auf die Tränendrüsen drücken. Vielmehr sollte bei in einem Relaunchkonzept sichergestellt werden, dass ...

- ... es in jeder Ausgabe der Zeitung oder Zeitschrift eine ausreichende Anzahl von Geschichten gibt, bei denen Menschen im Mittelpunkt stehen. Was „ausreichend" bedeutet, muss die Redaktion in jedem Fall einzeln entscheiden. In einer Fachzeitschrift für IT-Technik reichen vielleicht ein oder zwei Porträts. Eine Tages- oder Wochenzeitung könnte eine Seite oder ein ganzes Buch unter dem Titel „Menschen" einführen. Eine Special-Interest-Zeitschrift mag sich gar zum themenspezifischen Peoplemagazin entwickeln. Grundsätzlich gilt: Kein journalistisches Produkt sollte ohne die Darstellungsform des Porträts auskommen. Falls noch nicht vorhanden, muss beim Relaunch ein Platz dafür geschaffen werden – und zwar in jeder Ausgabe.
- ... die Mitglieder der Redaktion erkennen lernen, in welchen Themen das Potenzial für Geschichten mit Menschen steckt und wie man diese Geschichten erzählt. In den vielen Jahren des kühlen, nachrichtlichen und berichtenden Schreibens ist diese Fähigkeit vielerorts verloren gegangen.
- ... die emotionalere Ansprache optisch angemessen umgesetzt wird. Bei Geschichten, die von Menschen handeln, sollten diese Menschen immer zu sehen sein. In einigen Ausgaben von Fachzeitschriften zur IT-Technik oder zum Maschinenbau haben wir kein einziges größeres Porträtfoto gefunden – selbst dort nicht, wo es um Menschen und ihr Tun ging. In einem Special-Interest-Magazin fanden wir ein journalistisches Porträt mit einem doppelseitigen Aufmacher, bei dem die vorgestellte Person schräg von hinten zu sehen war. Untersuchungen von Hirnforschern zeigen, dass menschliche Gesichter besondere Aufmerksamkeit erwe-

cken. Nicht umsonst haben viele Publikumszeitschriften stets ein (prominentes) Gesicht auf dem Cover. Das gilt auch für Spezialmedien. Die gut gemachte Zeitschrift AUTOMOBIL-INDUSTRIE, ein Fachmagazin für die Automobilbranche, hat damit gute Erfahrungen gemacht.

Der Grad der Emotionalisierung unterscheidet sich sicherlich nach der Zielgruppe und auch je nach Medium. Im Internet zum Beispiel suchen die User eher sachliche Informationen, während sie in Magazinen mehr über Menschen lesen wollen. Ganz emotionslos sind aber nur Gebrauchsanweisungen – keine journalistischen Produkte.

Dabei spielen beim Relaunch bereits kleine Veränderungen eine Rolle. Das Gefühl der persönlichen Ansprache des Lesers steigt, wenn der Chefredakteur im Editorial mit Foto zu sehen ist und er es mit eigener Hand unterschreibt, statt dass aus falsch verstandener Bescheidenheit „Ihre Redaktion" grüßt. Wir werden in den folgenden Kapiteln auf weitere Möglichkeiten eingehen. Leitartikel in Tageszeitungen und große Geschichten in Magazinen sollten mit einem Foto des Autors illustriert sein.

5 Wie muss zeitgemäße Gestaltung aussehen?

5.1 Funktionalität

Mediengestalter und Journalisten haben eines gemeinsam: Eitelkeit ist ihnen nicht fremd. Sie haben deshalb den Ehrgeiz, sich mit ihrer Arbeit von anderen abzuheben. Bei einem Relaunch ist es sicherlich notwendig, dem Medium ein eigenes, unverkennbares Gesicht zu verschaffen. Allerdings bedeutet dies nicht, dass man alles komplett anders macht als alle anderen. Mediengestaltung zeichnet sich dadurch aus, dass sie Funktionalität mit Ästhetik verbindet. Dabei gilt das Gesetz: keine Gestaltungselemente ohne Funktion. Es sollte in einer Zeitung, einer Zeitschrift oder auf einer Website nichts geben, das nur dazu da ist, damit „es schöner aussieht". Und es sollte nichts geben, über dessen Funktion sich der Leser lange den Kopf zerbrechen muss. Im Internet spricht man von der Usability, also der Bedienfreundlichkeit einer Seite. Eine solche Nutzerfreundlichkeit erwartet der Leser zu Recht auch von Zeitungs- und Zeitschriftenseiten. Die Kernbotschaft der Usability lautet: „Don't make me think!" Was immer der Nutzer vorfindet, es muss sich ihm von selbst erklären – und zwar innerhalb von weniger als drei Sekunden. In diesem Sinne hat die Gestaltung journalistischer Medien, auch „Editorial Design" genannt, eine dienende Aufgabe. Sie offeriert dem Leser den Inhalt in möglichst leicht zugänglicher Form.

Wer als Gestalter dem Leser zu Denken geben will, ist besser in der Kunst aufgehoben. Vielleicht findet er noch ein Betätigungsfeld in einigen avantgardistischen und experimentellen Medien, in denen aufgeschlossene Leser mit sich spielen lassen und Freude an Gestaltung haben. Viele Mediengestalter beziehen sich auf das Design- und Lifestyle-Magazin WALLPAPER. Das Verhältnis der Alltagsgestaltung zu diesen Produkten entspricht jenem der Haute Couture zur Mode von H&M. Sicherlich findet sich einiges, was in Mailand oder Paris über den Laufsteg ging, einige Wochen später bei H&M, aber in einer abgemilderten Version, die man in Villingen-Schwenningen und Wismar auf der Straße tragen kann, ohne schief angesehen zu werden.

„Don't make me think!" ist natürlich nicht das Leitmotiv für journalistische Texte. Sie sollen den Leser durchaus zum Nachdenken anregen. Allerdings ist es unsere feste Überzeugung, dass dies nicht für die Form, sondern für den Inhalt gelten sollte. Auch hier, wieder mit Ausnahme einiger avantgardistischer Publikationen, mag die Mehrheit der Leser simple, weitgehend linear erzählte, spannende Geschichte – keine formalen Experimente. Somit gilt auch für die Autoren: Wer den Leser mit formalen Experimenten herausfordern will, sollte Literatur schreiben, nicht Journalismus.

5.2 Zielgruppenentsprechung

Die Chefredakteurin und spätere Herausgeberin der ZEIT, Marion Gräfin Dönhoff, hat einmal gesagt, die Redaktion habe die Zeitung gemacht, die sie selbst gerne lesen möchte. Eine solche Haltung kann ein guter Ausgangspunkt sein – sie mag aber auch, wie bei der ZEIT bis Mitte der 90er Jahre, damit enden, dass einige ältere, von sich eingenommene Herren den Lesern langatmig die Welt erklären. Anderseits war die BILD-ZEITUNG lange Zeit sehr erfolgreich, obwohl dort viele Journalisten arbeiteten, die sie selbst lieber nicht würden lesen wollen (während sie bei anderen durchaus ihrem Charakter entsprach). Während der Tätigkeit eines der beiden Autoren dieses Buches bei einer Medienagentur in Stuttgart haben wir einmal ein Zeitschriftenprojekt im Niedrigpreissegment entwickelt. In Sinus-Milieus gesprochen bewegten wir uns in den Kategorien der Traditionsverwurzelten und der Konsumhedonisten. Das sind nicht gerade Milieus, in denen sonderlich viele Grafiker und Journalisten zu verorten sind. Anfangs sträubte sich der zuständige Art Director gegen seine eigenen Entwürfe, bezeichnete sie als trashig und bemühte sich um Veredlung. Mit der Zeit aber gewann er Spaß daran, die Entwürfe mit den Augen der Zielgruppe zu sehen. Das Magazin glich dem, was die potenziellen Leser auch sonst in die Hand bekommen. Schließlich versuchte der junge Grafiker, genau diese Gestaltung so gut wie möglich zu machen und in genau diesem Sinne bestimmte Fehler auszubügeln, die ihm bei den anderen aufgefallen waren. Der Lernprozess bestand darin, den Leser nicht mehr zu „gutem Design" erziehen zu wollen, insofern „gutes Design" jenes bezeichnet, das dem Grafiker gut gefiel.

Inhaltlich und gestalterisch kommt es also, jenseits des Geschmacks der beteiligten Grafiker und Journalisten, darauf an, den Geschmack der Zielgruppe zu treffen. Verbesserungen, die im Rahmen eines Relaunchs gestalterisch angestrebt werden, müssen sich an den Seh- und Lesegewohnheiten der Zielgruppe orientieren.

Ein simples Beispiel aus unserer Zeit bei READER'S DIGEST. Nach einem Relaunch bekamen wir eine ungewöhnlich hohe Zahl an Leserbriefen, die sich darüber beschwerten, dass die Schriftgröße für die kleinen Anekdoten am Ende eines Artikels zu klein sei. Die Gestalter hatten nicht bedacht, dass wir es mit einer älteren Zielgruppe zu tun hatten, deren Sehkraft schwächer ist. Wir haben die Schrift dann um einen halben Punkt vergrößert und die Leser waren zufrieden.

5.3 Markenidentität

Für manche Journalisten ist das Denken in Marketingkategorien noch ungewohnt. In der Tat ist, wie schon erläutert, die journalistische Unabhängigkeit ein hohes Gut. Dennoch sollten sich Redakteure bewusst sein, dass Zeitungen, Zeitschriften und Websites von Wirtschaftsunternehmen betrieben werden, die damit Geld verdienen wollen. Folglich sind sie Produkte und Marken. Marken haben eine Identität. Sie sind im Idealfall auf einen Blick zu erkennen und brennen sich in die Erinnerung der Kunden ein. Eines der erfolgreichsten Bespiele kommt von der Firma Ferrero: Eine bestimmte Kombination und Gestaltung mit den Farben Rot und Weiß sowie dem Schriftzug „Kinder" lässt Kunden deren Süßwaren auf der Stelle und sogar aus der Ferne identifizieren.

So ist es auch bei Medien: DER SPIEGEL hat über viele Jahre ein besonderes Erscheinungsbild entwickelt, zunächst als Magazin, später zusätzlich im Netz. Dass eine Seite aus dem SPIEGEL stammt, kann fast jeder, der das Magazin einmal in der Hand gehabt hat, erkennen. DER SPIEGEL selbst hat sein Erscheinungsbild übrigens am amerikanischen TIME MAGAZINE orientiert. Beim Konkurrenten STERN fällt die Identifizierung zum Beispiel bei einem doppelseitigen Aufmacher schon schwerer, wenngleich der Auftritt noch immer charakteristisch ist. Viele Fachzeitschriften und Fachportale im Internet sind hingegen völlig charakterlos. Ihnen fehlt es an einer Markenidentität.

Bei einem Relaunch kommt es in diesen Fällen darauf an, durch den Einsatz bestimmter grafischer Elemente die Unterscheidung zu den Mitbewerbern zu erleichtern. Dabei kann es sich um relativ kleine, aber immer wiederkehrende Elemente handeln, zum Beispiel um eine bestimmte Linienform, ein Ikon, einen Schatten oder eine Farbe. Das setzt voraus, dass diese Elemente durchgehalten werden, das heißt auf allen Seiten in Variationen wiederkehren.

6 Zeitungsrelaunch

6.1 Zeitungsaufbau

Tageszeitungen sind für ihre Leser immer wiederkehrende Besucher, für manche sogar Familienmitglieder. Man legt deshalb Wert darauf, dass man die Gewohnheiten kennt, und möchte nicht jeden Tag aufs Neue lernen, sich in ihnen zurechtzufinden. Eine dauerhafte und übersichtliche Ordnung ist deshalb das wichtigste Kriterium bei einem Relaunch.

Es ist in den letzten Jahren sehr viel ausprobiert worden. Die meisten deutschen Zeitungen bringen auf der Titelseite nationale und internationale Nachrichten, meistens aus der Politik. Einige Zeitungen haben sich entschieden, die Titelseite stets mit lokalen Nachrichten aufzumachen. Es folgen mehrere Bücher, bei kleineren Zeitungen handelt es sich dabei in der Regel um Lokales, Sublokales, Sport, manchmal noch Service und Buntes. Unter Service werden Ratgeberseiten, Fernsehprogramm und Rätsel zusammengefasst.

Größere Zeitungen unterteilen in Politik, Wirtschaft, Feuilleton, Lokales und Sport. Bei den überregionalen Blättern FAZ, SÜDDEUTSCHE, TAZ und WELT ist das Lokale das letzte Buch, das nur in einem bestimmten Erscheinungsgebiet beiliegt. Das Feuilleton zum Aufmacher eines Buches zu erklären, unterstreicht den Anspruch auf Seriosität.

Bei einem Relaunch empfehlen wir folgende Punkte zu beachten:

Titelseite

Was gehört auf die Titelseite? Die Antwort ist im Grunde ganz simpel: Das, was die Leser interessiert. Dies heißt zunächst, nicht die TAGESSCHAU vom Vorabend zu wiederholen. Früher waren Nachrichtenjournalisten in Tageszeitungen stolz, wenn sie abends den Fernseher einschalteten und feststellten, dass die TAGESSCHAU die gleiche Aufmachermeldung brachte, die sie für den folgenden Tag ausgesucht hatten. Heute müssten sich Redakteure dafür schämen. Unser eigenes Leserverhalten ist typisch: Wir lesen die Aufmachermeldung unserer Tageszeitung so gut wie nie. Wir kennen die Informationen ja schon aus dem Hörfunk, dem Fernsehen und dem Internet. Einer Umfrage des amerikanischen Journalistik-Forschungsinstituts Poynter zufolge nutzen die meisten Menschen Online-Medien, um aktuelle Nachrichten zu verfolgen („breaking news"). Über die Hälfte erfährt von solchen Ereignissen online. Zeitungen, wenn sie überhaupt noch gelesen werden, konsultieren die Menschen, um Hintergründe zu erfahren. Sie bevorzugen dort narrative Darstellungsformen.

In einer Studie des amerikanischen Readership Institutes zusammen mit der Tageszeitung STAR TRIBUNE aus dem Jahre 2005 fasst ein Befragter seine Vorstellung von einer Zeitung so zusammen: „Ich mag keine Zeitungen, die nur Farbfotos und irgendwelche Nachrichten aus der Populärkultur bringen. Wenn ich diesen Hype will, schalte ich das Fernsehen ein."

Die Studie belegt, dass es Mittel gibt, das Interesse junger Leute an der Zeitung zu verdoppeln. Getestet wurde eine Zeitungsvariante, die sich an folgende drei Prinzipien hielt:

- Die Artikel mussten den Lesern Gesprächsstoff für den Alltag geben.
- Die Artikel mussten den Lesern das Gefühl geben, dass sie sich an seinen Interessen orientieren.
- Die Artikel mussten die Leser durch überraschende Meldungen und Humor ansprechen.

Der letzten dieser drei Forderungen werden nur wenige deutsche Zeitungen gerecht. Statt Überraschungen überwiegt das Langweilige und Erwartbare. Ein kleines Beispiel: In der GIESSENER ALLGEMEINEN finden sich im November 2008 folgende Überschriften:

CSU greift Merkels Steuerpolitik an
und
Grummeln in Union unüberhörbar

Knapp ein halbes Jahr später, im März 2009, könnten diese Überschriften wieder verwendet werden, ohne dass ein Leser stutzte. Umfragen zeigen, dass junge Menschen besonders das Rituelle an der Politik abstößt und zu Desinteresse verleitet. Zeitungen, die meinen, aus Chronistenpflicht diesen immergleichen Ritualen folgen zu müssen, werden deshalb bei jungen Lesern keinen Anklang finden. Gleiches lässt sich übrigens auf den Lokalseiten über die Vereinsberichterstattung sagen, die in der Regel nur den Funktionären der Vereine dient.

Humor kommt in Tageszeitungen ebenfalls zu kurz. DIE WELT räumt immerhin ihrem Kolumnisten Hans Zappert eine Ecke auf der ersten Seite ein, wo er die aktuellen Meldungen erfrischend gegen den Strich bürsten kann. Die SÜDDEUTSCHE ZEITUNG hält an ihrem etwas betulichen „Streiflicht" fest. Zeitungen sollten dem Bedürfnis ihrer Leser nach etwas Entspannung entgegenkommen, indem sie zumindest täglich an einem festen Platz auf der ersten Seite eine kuriose, zum Schmunzeln anregende Meldung bringen.

Zeitungen müssen, wie sich noch zeigen wird, insgesamt magaziniger werden. Dieser neue Charakter sollte sich auf der Seite eins als Schaufenster bemerkbar machen, auch gestalterisch. Die Aufmachungen, wie sie die Wochenzeitung DIE ZEIT pflegt, könnten auch für Tageszeitungen stilbildend werden. Das bedeutet den großzügigen Einsatz von Bildern und Grafiken. Das Readership Institute hatte folgende Titelseite auf Seite 86 getestet, die bei jungen Lesern auf wenig Zuspruch stieß; dem wird eine alternative Titelseite auf Seite 87 gegenübergestellt, die bei jungen Lesern deutlich mehr Zuspruch erhielt:

Twins pitchers, catchers take the field
SPORTS

PAULA ABDUL
Making a comeback?
VARIETY

The Jayhawks are no more METRO/STATE

VERSION A
Low: 16°
High: 27°
WEATHER, B8

Tuesday
February 22, 2005
50¢

Star Tribune
NEWSPAPER OF THE TWIN CITIES

Metro Edition

www.startribune.com

Bush aims to repair alliance

He scolds Russia's Putin.

By Elisabeth Bumiller
New York Times

BRUSSELS, BELGIUM — President Bush warned Russia on Monday that it "must renew a commitment to democracy and the rule of law," but said he believed that the nation's future lay "within the family of Europe and the trans-Atlantic community."

The president's words opened his first trip across the Atlantic since his reelection and were part of a speech aimed at building a new relationship with Europe after the dispute over the American-led invasion of Iraq.

Bush's 31-minute speech, in the grand setting of Concert Noble, a 19th-century hall, declared that in a "new era of trans-Atlantic unity," the United States and Europe must work together to rebuild Iraq, seek peace between the Israelis and Palestinians, insist that Iran not develop nuclear weapons and demand that Syria end its occupation of Lebanon.

BUSH continues on A10
INSIDE Lebanese demand Syrian pullout. A4

BUSH IN EUROPE | ITINERARY

Charles Dharapak/Associated Press
MONDAY President Bush met with French President Jacques Chirac in Brussels, Belgium. The two had a private dinner Monday night.

TODAY The president attends meetings with NATO and European Union leaders.

WEDNESDAY In Mainz, Germany, he meets with Chancellor Gerhard Schroeder.

THURSDAY The trip ends with talks with Russian President Vladimir Putin in Slovakia's capital.

To Helena, Mont.: 1,078 miles • To Amarillo, Texas: 1,043 miles • Streets of Minneapolis: 1,071 miles

Conquering Minneapolis, step by step

Joey McLeister/Star Tribune
Francine Corcoran paused in front of Sheridan Global Arts & Communications School in northeast Minneapolis to check her map.

How far is it?
Francine Corcoran will walk more than 1,070 miles in her quest to walk every mile of Minneapolis streets. If she walked in a straight line, the same distance would take her to the following cities:

Source: ESRI — Ray Grumney/Star Tribune

By Bob von Sternberg | Star Tribune Staff Writer

One sun-splashed recent morning, Francine Corcoran climbed out of her Mazda sedan, adjusted her sunglasses, grabbed her water bottle and headed off down NE. 3rd Street.

Corcoran wasn't precisely sure where she would walk. She almost never is.

As she started off, she said her best guess was that she'd log in the vicinity of 5 miles, maybe more because it was such a nice day.

"I just kick up and go, whenever I can," she said. "No schedule. Just park the car in a new spot and start walking."

At her brisk 120-pace-a-minute clip, Cochran is in the third year of doing something that could well be unique in Minneapolis history: She is walking every one of the 1,071 miles of the city's streets and parkways.

Put another way, that's 7 miles shy of walking from Minneapolis to Helena, Mont.

"I had no idea how many miles this was even going to entail when I started," she said. "Day to day, I don't know where I'll end up. It doesn't matter — it's like I'm doing this because I'm supposed to, like it's an assignment."

It was a whim undertaken by someone who, at 55, had walked her entire life, starting in the hills near her childhood home of Hokah, Minn., where she grew up with seven siblings.

WALK continues on A5:
— She's finding plenty of solitude.

Samples would be taken upon arrest, not conviction.

Broader DNA collection law proposed

DNA TESTING
➤ Genetic material is collected from about 20,000 convicted felons annually in Minnesota. Expanding it to all felony arrests would increase that to 50,000.
➤ The legislation would require the state to pay the $200,000 annual cost of DNA kits and analysis.

By Conrad deFiebre
Star Tribune Staff Writer

Saying it would "help us solve and prevent crimes," a House leader proposed Monday that DNA samples should be collected along with traditional fingerprints from all felony arrestees in Minnesota.

"The legislation will put guilty criminals in jail, exonerate the innocent and seek more immediate justice for victims," House Majority Leader Erik Paulsen, R-Eden Prairie, said at a State Capitol news conference, where he was joined by two prominent law enforcement officials.

DNA continues on 12:
— Civil libertarians fear unjust treatment of the innocent.

'MIRACLE' MEMORIES

The 25th anniversary of the Miracle On Ice is being celebrated this week in Lake Placid, N.Y. The sons of two players from the 1980 Olympic gold-medal team share what the legacy means to them.

TURN TO PAGE A3

Local officials blogging for readers far and wide

By Bill McAuliffe
Star Tribune Staff Writer

Not long ago it might have been hard to find out what's been ailing the Northfield police chief, or where the Eden Prairie city manager was going on a midwinter getaway, or the latest redevelopment efforts in Rosemount.

But now there are Web logs. And around the metro area, some elected and appointed officials are blogging away, maintaining Internet diaries that often go well beyond the quarterly constituent newsletter.

"It just seems like a few years ago that my son Chris graduated from a training bike to the 'big kid' bike," wrote Northfield Police Chief Gary Smith on his blog for Feb. 13, describing how his son was now learning to drive a car. Within days of that posting, Smith, who said he spends several hours of his own time each

BLOGS continues on 12:
— Blogging with Brits.

NEWS INSIDE

Gay unions in Britain
British same-sex couples will be able to enter into civil unions late this year, and the Royal Navy becomes more welcoming to gays. A3

Out of this galaxy
For the first time, astronomers have observed a star escaping from the Milky Way galaxy, and it's traveling at quite a clip. A12

Questions about delivery:
612-673-4343
Other questions
612-673-4000

Tuesday,
February 22, 2005
Copyright 2005
Star Tribune
Volume XXIII/No. 324
Version A

Zeitungsrelaunch

Wie man erkennen kann, ist die Aufmachergeschichte großzügig illustriert. Es handelt sich um ein Pro und Contra, das vermutlich viele Leser interessiert und das mit ihrem Alltag zu tun hat:

Should poker be a crime?

Das ist zweifellos ein Thema, über das die Menschen morgens im Büro sprechen – anders als über die Allerweltsäußerungen irgendwelcher Politiker.

Man beachte auf Seite 86 die Spalte mit den Teasern über dem Titelkopf. Die Grafiker geben den Redakteuren hier mehr Raum. In der veröffentlichten Ausgabe stehen Stummelsätze wie:

Paula Abdul:
Making a comeback?

und

The Jayhawks are no more

Die experimentellere Fassung erlaubt einen neugierig machenden Anreißer:

Attention: Gay Brits
The Royal Navy is recruiting more gay sailor.
Is America next?

und

Say it ain't so
Find out why the Jayhawks call it quits.

Ebenso sind die Teaser in der linken unteren Spalte unter dem Titel

In the Know:
5 things that will help you look smart today

gut formuliert und machen Appetit auf den dazu gehörigen Artikel.

Der weniger nachrichtlich geprägte Umgang mit dem Stoff schlug sich auch in der Darstellungsform der Artikel nieder. Berichte wurden durch Formen ersetzt, die den Leser direkt ansprechen und seinen Alltag widerspiegeln. Die Zeitung ging deutlich weniger auf Distanz zum Leser als es im klassischen journalistischen Selbstverständnis üblich ist.

Ein Beispiel: In der tatsächlich verbreiteten Ausgabe der STAR TRIBUNE von Seite 86 fand sich ein nachrichtlicher Artikel über DNA-Proben bei Verdächtigen in Minnesota. Es handelte sich um einen Artikel über einen Gesetzesvorschlag, der in der dritten Personen geschrieben war und aus der Perspektive der Politiker des Staates Minnesota. Die Überschrift lautete:

Broader DNA collection law proposed
(Weitergehendes DNA-Proben-Gesetz vorgeschlagen)

Der Einstieg in den Artikel las sich so:

Mit der Aussage „Es würde uns helfen und Verbrechen verhindern", hat ein Fraktionsvorsitzender im Repräsentantenhaus am Montag vorgeschlagen, dass künftig neben den üblichen Fingerabdrücken von allen inhaftierten Straftätern in Minnesota DNS Proben genommen werden.

Man hat ein gewisses Verständnis dafür, dass junge Leser solch einen Texteinstieg nicht als vergnüglich empfanden. Die alternative, bei jungen Lesern erfolgreichere Aufbereitung des gleichen Stoffes las sich im Vorspann dagegen so:

Wenn Sie demnächst in Minnesota wegen eines Vergehens verhaftet werden, kann es gut sein, dass Sie den Mund weit öffnen müssen – und außer Ihren Fingerabdrücken auch eine Speichelprobe lassen müssen.

Die neue Überschrift bricht mit den Geboten der nachrichtlichen Neutralität und setzt auf Anschaulichkeit:

License, registration and saliva, please
(Führerschein, Papiere und ihre Spucke, bitte)

In der Unterzeile wurde dann erläutert:

Polizisten wollen bei Verdacht DNA-Speichelprobe nehmen können

Ein zweites Beispiel: Die Titelgeschichte einer der getesteten Ausgaben der STAR TRIBUNE befasste sich im klassischen Nachrichtenstil mit einer Europareise des damaligen Präsidenten George W. Bush unter der Überschrift:

Bush aims to repair Alliance

Es ist nicht zu erwarten, dass alle Leser der SUN TRIBUNE wissen, welche „Alliance" gemeint ist (es ging um die Nato). Noch fraglicher ist, ob ein so abstraktes Thema die Mehrheit der Leser überhaupt interessiert. Der Beitrag wurde in der bei jungen Leuten doppelt so erfolgreichen Ausgabe auf die Seite zwei verbannt, aber auf der ersten Seite mit einer wortspielerischen Überschrift angekündigt:

Looking for friends: Bush dines with Chirac over french fries

Die Anspielung mit den „french fries" bezieht sich darauf, dass vor dem Irak-Krieg einige Amerikaner auf die Anti-Kriegshaltung der Franzosen mit der Umbenennung der Pommes Frites („french fries") in „freedom fries" reagiert hatten. Zudem macht diese Überschrift aus einer abstrakten Absicht („Bush will die Allianz erneuern") eine konkrete Handlung („Bush speist mit Chirac zu Abend").

Der Stoff der Bush-Reise wurde außerdem am Fuße der Seite in Form einer Umfrage aufbereitet. Die Zeitung befragt vier ganz normale Bürger nach ihrer Ansicht zu der Frage: „Should America be exporting democracy?" Die Leser können sich an der Debatte auf der Internetseite beteiligen.

Das wichtigste Ergebnis der Studie lautet, dass Tageszeitungen für junge Leser nur durch zwei Maßnahmen attraktiver werden:

- eine andere Auswahl an Themen, die sich stärker an der Lebenswelt der Leser orientiert und
- eine andere, narrativere Form der Darstellung dieser Themen

Der Test mit einer Zwischenstufe zeigte keinen nennenswerten Effekt, was den Zuspruch junger Leser anging. Bei dieser Zwischenstufe hatten die Forscher die ursprüngliche Themenauswahl auf der Titelseite beibehalten, die Themen aber ansprechender präsentiert. Das bedeutet: Der Relaunch der Titelseite einer Tageszeitung sollte sich stärker an einer Wochenzeitung als an der klassischen Zeitung orientieren. Erste Schritte in diese Richtung sieht man bei den Sonntagsausgaben von NZZ und FAZ.

Die Lehre aus dieser und vielen ähnlichen Studien: Überschriften in Tageszeitungen, in Zeitschriften ohnehin, müssen in Zukunft den Leser direkt ansprechen, ihn bildlich, aber eben auch wertend in das Geschehen hineinziehen. Dabei kommt es darauf an, die Perspektive des Lesers einzunehmen.

Die Tageszeitung hat die Aufgabe, die aktuellen Meldungen weiterzudrehen. Einige Zeitungen wie die SÜDDEUTSCHE ZEITUNG und die STUTTGARTER ZEITUNG sind dazu übergegangen, auf der Seite eins unter dem Bruch eine hintergründige oder „angefietscherte" (wie das Michael Haller nennt) Geschichte zu platzieren. Diese Artikel sind stets von der Redaktion oder einem Korrespondenten selbst verfasst und erfreuen sich bei den Lesern großer Beliebtheit. Tageszeitungen müssen in Zukunft deutlich mehr Mut aufbringen, diesen Weg konsequent zu gehen. Amerikanische Zeitungen wie die NEW YORK TIMES haben kein Problem damit, auf der Titelseite ein Feature zu bringen. Zugestandenermaßen erleichert die Tatsache, dass bei US-Zeitungen Geschichten von der Titelseite auf andere Seiten im Blatt umlaufen, ein solches Vorgehen. Dennoch sollten deutsche Zeitungen viel öfter mit Analyse und Feature aufmachen.

Die Berliner TAZ macht nach ihrem Relaunch die erste Seite immer mit einem großen Bild auf, in das Schlagzeile und Vorspann eingestellt werden. Diese Gestaltung erhöht die Aufmerksamkeit für die Titelgeschichte – die allerdings die damit geweckten Erwartungen erfüllen sollte. Das ist bei der TAZ bislang nicht immer der Fall.

Zeitungsrelaunch

Zeitungsrelaunch

Man kann sein Profil als Zeitung mit Meinungsstärke erhöhen, indem man auf der ersten Seite den Leitartikel platziert, wie es die FRANKFURTER ALLGEMEINE ZEITUNG auch nach ihrem Relaunch noch immer tut. Auch die STUTTGARTER ZEITUNG hat an diesem herausgehobenen Platz für den Leitartikel nach dem Relaunch festgehalten. Eine Zeit lang waren die Redaktionen davon abgekommen und hatten bei Relaunches die Kommentare auf Seite zwei verbannt. Jetzt, am Ende des Nachrichten-Zeitalters für Zeitungen, könnte man auf diese Tradition zurückkommen.

Hier sieht man die erste Seite der STUTTGARTER ZEITUNG vor und nach dem Relaunch im Sommer 2009. Die Seite ist jetzt aufgeräumter, auch luftiger, behält aber ihre traditionellen Elemente bei, nämlich den Leitartikel in der Spalte rechts und das Hintergrundstück unter dem Bruch.

vorher   nachher

Als letzte Zeitung Deutschlands hat übrigens die Stuttgarter Zeitung ein regelmäßiges Foto auf der Seite eingeführt. Trotz Unkenrufen, die Zeitung verliere ihre Unverkennbarkeit, zeigt der Vergleich, dass das Blatt dadurch an Attraktivität gewinnt.

Zeitungsrelaunch

Wir empfehlen, auf Seite eins die für eine möglichst große Zahl an Lesern interessantesten Themen zu platzieren. Dabei ist es unerheblich, ob es sich um lokale, nationale oder internationale Themen handelt, ob sie aus der Politik, dem Lokalen, dem Sport, dem Feuilleton oder vielleicht sogar aus der Wissenschaft kommen. Um die spannendste Mischung hinzubekommen, eignet sich die Arbeitsweise an einem Newsdesk vermutlich besser als wenn die Ressort einzeln planen.

Deutlicher herausgehoben werden in den zeitgemäßen Layouts die Anreißspalten, die dem Leser einem Inhaltsverzeichnis gleich einen Überblick über den Inhalt der Zeitung verschaffen. Man kann hier bei der WESTDEUTSCHEN ZEITUNG sehen, wie die Inhaltsspalte (links) an Prominenz gewinnt.

vorher

nachher

Buchstruktur

Grundsätzlich hat sich die klassische Buchstruktur bei normalen Tageszeitungen bewährt. Sie ist drucktechnisch geboten, erleichtert dem Leser die Orientierung und entspricht ohnehin dessen Gewohnheiten. Eine Ausnahme ist nur das Boulevardblatt BILD. Andere Straßenverkaufszeitungen wie AZ und TZ folgen ebenfalls dem Buch-Modell.

Wo noch nicht geschehen, sollte der Relaunch bei regionalen und lokalen Zeitungen zum Anlass genommen werden, ein Buch „Service und Buntes" zu schaffen. In ihm sind die klassischen Nachrichtenseiten mit Titeln wie „Aus aller Welt", „Panorama" oder ähnliches, eine tägliche Serviceseite, Themen wie Computer, Wissen und Wissenschaft, Unterhaltung und das Fernsehprogramm zusammengefasst. Die WESTDEUTSCHE ZEITUNG (WZ) eröffnet nach dem Relaunch ein neu geschaffenes Buch „Leben" stets mit einem nutzwertigen Thema.

Zeitungsrelaunch

Jedes Buch macht mit einer eindeutig erkennbaren Aufmachergeschichte auf. Dieser Satz klingt wie selbstverständlich, ist es aber leider nicht. Die Aufmachergeschichte sticht durch Größe, Länge, Foto, Platzierung und Aufmachung hervor. Sie sollte möglichst durch Info-Kästen, Grafiken, kleinere Beiträge und ähnliches ergänzt werden Es reicht meist aus, den längeren Artikel über dem Bruch als Aufmacher zu deklarieren, so wie das bei der Aufmacherseite des lokalen Buches der GIESSENER ALLGEMEINEN geschieht.

Einige Redaktionen haben sich dogmatische Regeln für die Darstellungsform auferlegt, die der lokale Aufmacher haben darf. So gibt es Zeitungen, bei denen es sich immer um einen Bericht handeln muss, dem eine harte Nachricht zugrunde liegt. Andere Blätter wollen immer eine Lesegeschichte als Aufmacher haben. Wie immer bei dogmatischen Festlegungen, stoßen beide Konzepte an ihre Grenzen. Es gibt Tage, an denen es keine harten Geschichten gibt, besonders in kleinen und mittelgroßen Städten. Der Leser müsste also mit einer aufgeblasenen Geschichte bedient werden. An anderen Tagen sind knallharte Fakten zu vermelden, eine Allerweltsreportage ginge an den Bedürfnissen der Leser vorbei. Generell sollten allerdings Hintergrundgeschichten im Feature-Stil bevorzugt werden. Der Leser darf, auch im Lokalen, mehr von seiner Zeitung erwarten als nur Berichte. Ihm sollte das lokale Geschehen erklärt werden.

vorher

Die STUTTGARTER ZEITUNG war vor ihrem Relaunch die letzte große Zeitung ohne Foto auf der Titelseite. Sie wirkte bleilastig und wenig einladend. Die vier gleich großen Einspalter erwecken den Eindruck mangelnder Gewichtung. Geschätzt wurde von den Lesern die zweispaltige Karikatur.

nachher

Ein großes Foto lenkt die Aufmerksamkeit auf ein Hauptthema. Am Kiosk fällt die STUTTGARTER ZEITUNG nun sofort ins Auge. Verschieden lange Artikel zeigen, dass sich die Redaktion Gedanken über die Gewichtung gemacht hat. Kritik bei den Lesern zog die nur noch einspaltige Karikatur auf sich.

vorher

Zwei gleich große Bilder, wie hier auf der Seite 3 der STUTTGARTER ZEITUNG, sind in der Regel ungünstig. Das Beispiel könnte als Ausnahme durchgehen, weil es die Situation vor und während der Explosion zeigt. Die Seite wirkt aber viel zu überladen.

nachher

Der Blick des Lesers wird auf das größere Bild gelenkt. Mehr Weißraum macht die Seite lockerer und einladender. Die Kurzkommentare in der rechten Spalte haben nun einen Vorspann. So kann der Leser schneller erkennen, um was es geht. Initiale helfen, den Einstieg in den Text zu finden.

vorher

Die Seite der LUDWIGSBURGER KREISZEITUNG ist sehr überladen. Selbst in die obere linke Ecke wurde noch Text gequetscht. Die Schrift des Rubrikenkopfes „Schaufenster" wirkt altertümlich, zumal durch den Schatten. Das Symbol im Kasten unten links sieht aus wie eine Klopapierrolle.

nachher

Die Schaufenster-Seite hat immer noch sehr viel Text. Etwas mehr Weißraum würde ihr gut tun. Aber insgesamt macht sie einen deutlich aufgeräumteren Eindruck. Die klare Gliederung wird zum Beispiel verstärkt durch die grauunterlegte Nachrichtenspalte links.

99

vorher

Der Leser kann auf dieser Seite der WESTDEUTSCHEN ZEITUNG nicht sofort erkennen, ob der Sechsspalter oben oder der Fünfspalter in der Mitte wichtiger sind. Die Frakturschrift für den Seitenkopf dieser Aufschlagseite des lokalen Buches wirkt altertümlich. Der Überblickskasten in der linken Spalte geht unter.

nachher

Der Aufmacher ist nun klar erkennbar. Der große „Düsseldorf"-Kopf ermöglicht dem Leser sofort Orientierung. Glosse, Tagesmeldungen und Kontaktmöglichkeiten sind geordnet in der etwas breiteren linken Spalte untergebracht. Die unterschiedliche Spaltenbreite schafft Spannung.

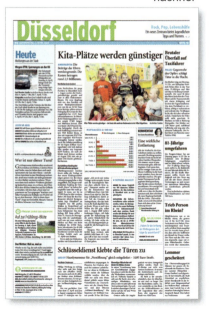

vorher

Diese Aufmacherseite der Wochenendbeilage der STUTTGARTER ZEITUNG ist nicht unattraktiv. Allerdings geht der Seitenkopf „Brücke zur Welt" unter. Das gleiche gilt für die Überschrift. Zudem mangelt es, besonders angesichts des riesigen freigestellten Gockels, an Weißraum. Der Text geht zu nahe ans Bild.

nachher

Seitenkopf, Bild, Überschrift und Text stehen nach dem Relaunch in einem harmonischeren Verhältnis zueinander. Das Initial hilft dem Leser, den Einstieg zu finden. Am Fuß der Seite kann sich ein Leser, den die Titelgeschichte nicht anspricht, über die weiteren Themen der Beilage informieren.

Die Titelseite der Südtiroler Tageszeitung DOLOMITEN ist viel zu bunt. Besonders altmodisch wirkt ein farbiger Verlauf. Das schmutzige Gelb des Kastens mit der Überschrift „Basiswahl am Palmsonntag" verläuft nach oben ins Weiße. Verläufe sind aus der Mode gekommen und sollten nur noch selten eingesetzt werden.

Der Bosch Zünder, die Mitarbeiterzeitung des Bosch-Konzerns, arbeitet bewusst und zurückhaltend mit Farben. Die Farbe dient hier dem Leser zur Orientierung und sie schafft Spannung auf der Seite.

vorher   nachher

Illustrationen eignen sich schlecht für die Titelseite einer Technik-Zeitschrift wie TECHNOLOGY REVIEW. Titelzeilen stehen rechts unten besser als links oben. Bei CAVALLO wurden der Titelkopf auffallender, die Titelzeilen abwechslungsreicher. Nur wenige Leser hatten erkannt, dass die drei Zeilen unter der Hauptzeile zur Geschichte gehörten.

vorher   nachher

vorher   nachher

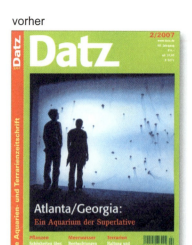 

Die Titelseite der DATZ teilt sich nach dem Relaunch klar in drei Streifen. Der Kopf wurde prägnanter. Wert wurde auf die Auswahl der Titelfotos gelegt. Das rechte war extrem langweilig. Ins Auge springt die nichtssagende Zeile: „Atlanta/Georgia". PROMOBIL hat sich sanft modernisiert, das Kantige gemildert, mehr Abwechslung geschaffen.

vorher   nachher

vorher

Wo soll ich hier anfangen zu lesen? Diese Frage stellte sich der Leser von PROMOBIL beim alten Inhaltsverzeichnis. Ordnung und Orientierung zu schaffen ist beim Relaunch eine der wichtigsten Aufgaben. Nach dem Relaunch steht alles beieinander, was zusammen gehört: links die Fotos, rechts der Überblick.

nachher

vorher

Irgendwo ein Balken „Titelthema", ein hässliches Initial, das große Foto ohne Bildunterschrift und eine Überschrift, die nicht mit dem Bild korrespondiert (Soll das Pferd ein lebender Tacho sein?) – so sahen Titelgeschichten bei CAVALLO aus. Nach dem Relaunch wirken die Titelgeschichten klarer und harmonischer.

nachher

vorher nachher

Der Wechsel von der Vierspaltigkeit zur Zweispaltigkeit bei der NEUEN APOTHEKEN ILLUSTRIERTEN erhöht die Lesefreundlichkeit. Der Aufbau wirkt klarer. Flattersatz macht die neuen Magazinseiten (unten) spannender.

vorher nachher

107

vorher

Die Website der STUTTGARTER ZEITUNG machte vor dem Relaunch nicht den Eindruck einer großen Themenvielfalt. Der neue Auftritt präsentiert viele verschiedene Themen, die aber von der Redaktion klar gewichtet werden.

nachher

Innenseiten

Jede Seite muss einen Aufmacher haben. Das ist die wichtigste Gestaltungsregel für Tageszeitungen. Nur so kann sich der Leser Orientierung auf einer Seite verschaffen. Ein Relaunchkonzept muss also für jede Seite Templates anlegen, die zwingend einen Aufmacher vorsehen.

Man kann leicht erkennen: Hier findet sich der Leser nicht zurecht. Auf welchen Artikel soll er sein Augenmerk richten? Vier gleich große querformatige Bilder sind über die Seite verteilt, keines zieht den Blick des Lesers an. Es fallen noch weitere Merkwürdigkeiten auf: Warum stehen die beiden Meldungen in der rechten Spalte in einem Kasten? Warum durchbricht dieser Kasten den Blockumbruch des über ihm stehenden, siebenspaltigen (!) Artikels. Wie breit sind eigentlich die Spalten der GIESSENER ALLGEMEINEN? Wenn wir auf die folgende Seite blicken, bieten sich uns noch mehr Varianten der Spaltenbreite.

Bei einem Relaunch wären hier zwei Dinge essenziell:

1. Ein Standardraster für die Spaltenbreiten. Sieben Spalten sind für das hier verwendete Berliner Format eindeutig zu viel. Im vierspaltigen Umbruch werden die Spalten hingegen zu breit. Es bietet sich also ein fünfspaltiges Raster an. Eine Abweichung für klar definierte Sonderfälle wäre denkbar. Der fett gedruckte Vorspann sollte auf keinen Fall so breit sein wie hier in einigen Fällen. Er ist für den Nutzer sonst nicht mehr bequem lesbar. So arbeitet die LUDWIGSBURGER KREISZEITUNG mit einer variablen Spaltenbreite, setzt diese aber geschickt ein, um grafische Spannung aufzubauen:

Zeitungsrelaunch

vorher

nachher

2. Ein eindeutiger Aufmacher, der sich durch Länge des Artikels, Größe der Überschrift und des Fotos von den anderen Beiträgen auf der Seite abhebt. Es handelt sich dabei nicht nur um eine grafische, sondern auch um eine journalistische Aufgabe: Die Redakteure müssen sich entscheiden, welcher Beitrag ihnen wichtiger ist. Die vorliegende Seite sieht jedenfalls aus wie eine Kruschtelkiste, in die man hineinwirft, was sich gerade so ansammelt.

Eine klare Setzung von Schwerpunkten setzt voraus, dass den Autoren wieder mehr Platz eingeräumt wird. In den Relaunches der letzten Jahre haben Zeitungsdesigner dazu tendiert, die Artikellänge zu begrenzen. Weil die User im Internet angeblich das Lesen verlernt hätten, wären sie auch nicht mehr bereit, in ihrer Zeitung lange Texte zu lesen. In manchen Redaktionen lag die Obergrenze bei 80 Zeilen, in anderen bei 120. Nur: Die Annahme stimmt nicht. Jüngere Untersuchungen zeigen, dass die Leser durchaus bereit sind, sich auch langen Texten zu widmen. Voraussetzung dafür ist, dass es verschiedene Leseebenen gibt, das heißt, der Leser kann sich erst einen Überblick verschaffen, ob ihn ein Thema interessiert. Er kann seine Neugierde anhand kürzerer Texte wie Vorspann, Zwischentitel, Bildunterschriften und Info-Boxen befriedigen. Nach deren Lektüre weiß er, um was es in dem Artikel geht und ob er seinen Interessen entspricht. Dann steigt er in den längeren Text ein.

Lange Artikel müssen durch eine spannende Dramaturgie und eine verständliche, zugängliche Sprache dem Leser die Lektüre erleichtern. Auch das setzt voraus, dass die Zeitung stärker als bisher zu einem Qualitätsmedium wird. Verleger fahren ihr Blatt gegen die Wand, wenn sie glauben, es mit wenigen, überlasteten Redakteuren, schlecht ausgebildeten Volontären und einer Vielzahl von überhaupt nicht ausgebildeten freien Mitarbeitern füllen zu können.

In der Wochenzeitung DIE ZEIT gehört das über mehrere Seiten sich erstreckende Dossier zu den beliebtesten Rubriken, weil es Vertiefung verspricht. Früher war es in der Tat eine sich über viele Seiten hinziehende, einzelne Geschichte. Heute hingegen wird der Hauptartikel durch kleinere Beiträge aufgelockert. Das hat nichts mit Fragmentierung zu tun, wie sich einige Kollegen in unseren Seminaren beklagt haben, sondern entspricht dem normalen Leseverhalten, das wir angesichts der Fülle an Informationen heute alle selbst an den Tag legen.

Zeitungen sollten also regelmäßig Themen mit großen Geschichten, Reportagen, Kurzinterviews und ähnlichem ausführlich behandeln. Dabei sind, je nach Art der Zeitung, Artikel von 200 bis 300 Zeilen erwünscht. Diese Seiten können grafisch aufgelockert werden, etwa durch große Freisteller oder durch Grafiken. Solche Seiten sind arbeitsintensiv, aber sie lohnen sich für den Leser und für die Profilierung der Redaktion. Sie sind auch Teil eines Agenda-Settings durch die Zeitung.

Die STUTTGARTER ZEITUNG trennt nach ihrem Relaunch deutlicher zwischen langen und kurzen Artikeln. Die mittellangen Geschichten sollen hingegen zurückgedrängt werden, weil sie für den Leser nicht Fisch, nicht Fleisch sind.

Zeitungsrelaunch

vorher

nachher

Eine Reihe von Zeitungen haben in den letzten Jahren „Nachrichten für Kinder" eingeführt. Das ist eine gute Idee. Je mehr junge Menschen mit der Zeitung aufwachsen, desto größer ist die Chance, dass sie später selbst eine lesen wollen. Zumindest aber werden sie mit der Marke vertraut. Allerdings muss man darauf achten, dass die Nachrichten wirklich für Kinder sind.

Das bedeutet nicht, dass es sich nur um putzige Meldungen handeln darf. Kinder haben durchaus ein Interesse am Weltgeschehen. Wenn die Erwachsenen über einen Krieg oder einen Amoklauf reden, sollte man dieses Thema Kindern gegenüber nicht aussparen. Es geht vielmehr um die kindgerechte Aufarbeitung sowohl der Sprache als auch des Abstraktionsgrades. Bei der FRANKFURTER RUNDSCHAU fiel uns auf, dass einige „Nachrichten für Kinder" eher kaum redigierte Agenturmeldungen über Kinder sind. Schreiben für Kinder erfordert ein besonderes Gespür und einige Regeln müssen beachtet werden (siehe dazu das UVK-Buch von Kathrin Kommerell „Journalismus für junge Leser").

6.2 Zeitungsformate

Die klassischen Zeitungsformate in Deutschland sind:

- das Nordische Format, das eher bei überregionalen Zeitungen üblich ist (Beispiele: ZEIT, FRANKFURTER ALLGEMEINE, SÜDDEUTSCHE ZEITUNG),
- das Rheinische Format der meisten Regional- und Lokalzeitungen (Beispiele: MÜNCHNER MERKUR, STUTTGARTER ZEITUNG),
- das Berliner Format (Beispiele: TAZ, KÖLNER STADTANZEIGER, WESTDEUTSCHE ZEITUNG),
- das Tabloid-Format, das auch als Halbnordisches Format bezeichnet wird; (Beispiele: FRANKFURTER RUNDSCHAU, WELT KOMPAKT).

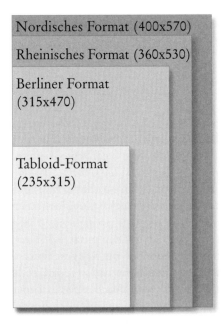

In der Schweiz ist das Schweizer Format verbreitet (475 × 320), in dem zum Beispiel die NEUE ZÜRCHER ZEITUNG erscheint. In Österreich gibt es noch kleinere Tabloid-Formate (300 × 225), vor allem das der NEUEN KRONEN ZEITUNG und (noch – nomen est omen – einen Tick kleiner) das der KLEINEN ZEITUNG aus Graz (210 x 280).

In Großbritannien sind fast alle Qualitätszeitungen auf das Tabloid-Format umgestiegen. Zuvor war dieses Format kennzeichnend für Boulevardblätter (die sogar aufgrund dieses Formats als „tabloids" bezeichnet wurden) und eine Gruppe von Zeitungen, die zwischen Boulevardpresse und Qualitätszeitungen angesiedelt war. Zunächst hatten die Qualitätsblätter (sie waren eigentlich unter der Bezeichnung „broadsheets" bekannt) damit großen Erfolg, bevor die Medienkrise alle Tageszeitungen unabhängig von ihrem Format ins Schlingern brachte.

In Deutschland hat sich von den Abonnementzeitungen bislang nur die FRANKFURTER RUNDSCHAU vollständig zu diesem Schritt entschlossen. DIE WELT erscheint in zwei Formaten, einmal im Nordischen und als WELT KOMPAKT im Halbnordischen. Bettina Heizmann hat in ihrer medienwissenschaftlichen Diplomarbeit die Formatfrage behandelt. Eines ihrer Ergebnisse auf der Grundlage zahlreicher Interviews mit Experten lautet: Die inhaltliche Qualität ist wichtiger als das Format. Eine Verkleinerung des Formats kann allerdings die inhaltliche Neuausrichtung unterstützen. Vor allem kommt das kleinere Format heutigen Lesegewohnheiten stärker entgegen. Die Leser wollen, so lässt sich zum Beispiel der Zeitungsdesigner Ludwig Kircher vernehmen, einen raschen Überblick über das Angebot ihrer Zeitung und seien nicht mehr bereit, sich Informationen mit Geduld zu erarbeiten.

Der Umstieg beim Format ist nicht nur eine technische Frage. Das zeigte sich in den ersten Wochen nach der Umstellung bei der FRANKFURTER RUNDSCHAU. Die Titelseite der Zeitung sah nämlich zunächst aus wie die FRANKFURTER RUNDSCHAU in Schrumpfform. Erst mit der Zeit entdeckte das Blatt die spielerischen Möglichkeiten, die in der neuen Titelseite stecken. Sie lädt zu einer deutlichen Aufmachung ein, die sich stärker an Magazine als an klassische Tageszeitungen anlehnt. Auch auf den Innenseiten muss man sich beim Layout auf große, gut ausgewählte und attraktiv in Szene gesetzte Bilder konzentrieren. Längere und kürzere Texte müssen sich im Ablauf der Seiten abwechseln, nicht mehr – wie bei einem größeren Format – auf einer Seite. Die Dramaturgie einer seriösen Tageszeitung im Tabloid-Format wird also eine Mischung aus der Folge von Büchern der traditionellen Zeitung und einer Zeitschriftendramaturgie sein. Der Zeitungsdesigner Mario Garcia vergleicht die Umstellung mit einem Umzug in eine kleinere Wohnung. „Man muss sich entscheiden, was man behalten und wovon man sich endlich trennen will."

Das neue Format muss sich im Übrigen auch im Inhalt durch einen an Magazinen orientierten Journalismus widerspiegeln. Vorspänne zum Beispiel dienen dazu, den Leser neugierig zu machen und nicht mehr, wie beim klassischen Lead, ihn knapp zu informieren. Es sollten an festen Stellen im Blatt Texte eingeplant werden, die in Erzählstil und Dramaturgie Magazinstücken ähneln.

Verlage, die mit dem Gedanken spielen, ihre Blätter auf Tabloid umzustellen, müssen sich demnach fragen: Ist unsere Redaktion in der Lage, diese journalistische Leistung zu erbringen? Die Kriterien für die Antwort sind sowohl Ressourcen als auch der Ausbildungsstand und die Bereitschaft der Redakteure.

6.3 Farbe in der Zeitung

Als die FRANKFURTER ALLGEMEINE ZEITUNG sich entschloss, Farbe in die Zeitung zu bringen, erlebte sie zunächst einen Aufstand der Kultureliten, die das Ende der zivilisierten Welt kommen sahen. Doch recht bald legte sich die Aufregung; heute würde sich wohl kaum jemand eine FAZ in Schwarz-weiß zurückwünschen. Farbige Fotos sind heute in der gesamten Presselandschaft selbstverständlich. Nur noch in sehr wenigen Fällen gibt es drucktechnische Schwierigkeiten, die Zeitung durchgängig in 4c (4-farbig) zu produzieren.

Anders verhält es sich mit dem Einsatz von Farbe als Leitsystem oder zum Schmuck. In den 90er-Jahren hielt die Möglichkeit Einzug, Zeitungen vollständig in 4c zu drucken. Das veranlasste Mediendesigner, diese neue Möglichkeit zur Gänze auszuschöpfen. Manche Blätter sahen so aus wie bunte Bilder von Jackson Pollock und sie wurden offensichtlich nach dem gleichen Prinzip gestaltet: Wo gerade die Farbe hintropfte ...

Sollten einige Zeitungen diese Exzesse in der Zwischenzeit nicht bereinigt haben, ist es bei einem Relaunch höchste Zeit dafür. Es gelten dabei die folgenden Regeln:

Erstens: Farbe sollte zurückhaltend eingesetzt werden. Besonders vorsichtig sollte man mit farbigen Flächen sein, jedenfalls im mitteleuropäischen Raum. Farbunterlegungen machen einen Artikel oder eine Meldung sehr klotzig. Sie ziehen zudem die Aufmerksamkeit des Lesers auf diese Fläche. Wenn sie auf einer Seite zu oft eingesetzt werden, verwirren sie den Leser. Die Titelseite der Südtiroler Tageszeitung DOLOMITEN ist ein Beispiel dafür, wie das Beispiel auf Seite 102 zeigt.

Besonders altmodisch wirkt ein farbiger Verlauf (Das schmutzige Gelb des Kastens mit der Überschrift „Basiswahl am Palmsonntag" auf der Beispielseite verläuft nach oben ins Weiße). Verläufe sind aus der Mode gekommen und sollten in Tageszeitungen wie in Zeitschriften nur noch selten eingesetzt werden. Die graue Fläche in der gelben Fläche der linken Spalte wirkt ebenfalls befremdlich. Selbstverständlich ist es aber möglich, in einem sehr zurückhaltenden Ton farbig unterlegte Flächen zu nutzen, um zusätzliche Informationseinheiten, zum Beispiel Info-Kästen, oder Rubriken herauszuheben.

Zweitens: Eine Farbe sollte die Funktion der Leitfarbe übernehmen. Es handelt sich in der Regel um die Hausfarbe. Bei der WESTDEUTSCHEN ZEITUNG ist es das Blau, bei der LUDWIGSBURGER KREISZEITUNG das Rot. Diese Farbe kann in unterschiedlicher Intensität genutzt werden. Die übrigen Farben sollten aus der gleichen Farbfamilie stammen, das heißt, diese Farben müssen sich der Hauptfarbe unterordnen.

Drittens: Die Wirkung von Farben sollte bedacht werden. Farbwirkungen sollten bei der Gestaltung und bei Farbleitsystemen bedacht werden (siehe auch Seite 166). Die Farbpsychologie hat zahlreiche Erkenntnisse gewonnen, von denen hier nur wenige vorgestellt werden können. Hier nur einige Hinweise zu Farben, die im Zeitungsdesign eine wichtige Rolle spielen:

- Rot hat eine hohe Signalwirkung. Es wird aber auch mit Boulevardjournalismus identifiziert. Nicht umsonst ist die Leitfarbe der BILD-Zeitung wie der meisten anderen Straßenverkaufsblätter Rot. Die Farbe erdrückt alles andere und sollte deshalb zurückhaltend eingesetzt werden.
- Blau ist eine Farbe, die von Zeitungen sehr gerne eingesetzt wird. Sie wirkt kühl und sachlich. Wir würden für ein eher dunkles Blau plädieren, weil es mehr Würde ausstrahlt.

- Gelb ist eine nicht sonderlich geeignete Farbe für das Zeitungsdesign. Einige Blätter wie die RHEINISCHE POST haben sich, wohl aus Tradition, dennoch dafür entschieden. In diesem Fall muss es sehr satt sein und darf nicht für Überschriften und Auszeichnungen eingesetzt werden, denn als Schrift lässt sich Gelb in der Regel nur schwer lesen.
- Grün wirkt beruhigend und erfrischend zugleich. Als Zeitungsfarbe ist es wichtig, genau den richtigen Ton zu finden. Ein zu helles Grün macht einen schreienden Eindruck, ein zu dunkles einen schmutzigen – zumal im Zeitungsoffset die Farbqualität nicht immer so gut zu kontrollieren ist. Das FREIE WORT in Suhl ist ein Beispiel für eine Zeitung, die Grün verwendet.

Manche Zeitungsgestalter schrecken aus gutem Grund davor zurück, bei einem Relaunch die Hausfarben zu ändern. Die Leser haben sich an eine Farbe gewöhnt und identifizieren diese mit ihrer Zeitung. Trotzdem ist es nicht notwendig, bei genau dem gleichen Farbton zu bleiben. In den meisten Fällen fällt dies dem Leser nicht bewusst auf; es kann aber die Gesamtwirkung einer Zeitung beeinflussen.

Beim BOSCH ZÜNDER sind die Gestalter einen anderen Weg gegangen. Sie haben die Rollen der Farben gewechselt. Das sehr aufdringliche, grelle Rot wurde zurückgenommen und durch einen dunkleren Rot-Ton ersetzt. Mit diesem harmoniert das satte, dunkle Blau für Rubrikenköpfe. Man kann das sehr gut auf der Seite eins erkennen (siehe Seite 114). In der alten Version stoßen zum Beispiel bei der Spalte links Rot und Blau unversöhnlich aufeinander. In der neuen Version passen sogar der breite Balken mit den Anreißern und der schmale Balken mit dem Datum und dem Jahrgang sowie dem Hinweis „Internationale Ausgabe" wunderbar zusammen.

6.4 Artikel und ihre Gestaltung

Wenn nach einem Relaunch mehr narrative Artikel Einzug in die Zeitung halten, hat das Folgen für die Gestaltung. Vor allem kann nun besser zwischen Lesegeschichten und Berichten unterschieden werden. Zu den Lesegeschichten gehören Hintergrundartikel, Reportagen, Features und Korrespondentenberichte. Sie sind meistens länger als die Berichte.

Berichte haben einen Lead. Das ist ein Vorspann, der die wichtigsten Informationen des Artikels zusammenfasst. In ihm werden die so genannten W-Fragen beantwortet. Artikel sind nach dem Schema der umgekehrten Nachrichtenpyramide aufgebaut. In einigen Zeitungen ist der Lead fett gedruckt. Bei anderen ist er vom Text nur durch eine Freizeile abgetrennt oder er ist einen halben oder einen Punkt größer gesetzt.

Wenn sich die Redaktion bei einem Relaunch entscheidet, den Lead beizubehalten, sollte sie darauf achten, dass er nicht zu lang wird. Fünf bis sechs Zeilen stellen, je nach Spaltenbreite, die Obergrenze dar.

Lesegeschichten dürfen keinen fett gedruckten Lead haben. Sie sind nicht gemäß der Nachrichtenpyramide strukturiert. Ihr Vorspann soll den Leser neugierig machen, ganz so wie das bei Zeitschriften üblich ist.

Die FRANKFURTER ALLGEMEINE ZEITUNG hat nach ihrem Relaunch einen solchen Vorspann eingeführt:

Späte Bestätigung der indischen Befürchtungen

Amerika betrachtet Pakistan als Ursache vieler Übel in und um Afghanistan. Indien sieht das schon lange so, fand aber mit seinen Warnungen vor dem Nachbarn jahrelang kein Gehör.

Von Jochen Buchsteiner

DELHI, 7. Mai. Als der frühere amerikanische Botschafter in Delhi, Robert Blackwill, am Dienstag über die Entwicklung vor Indiens Haustür sprach, wählte er eine Um das Misstrauen nicht unnötig zu verstärken, verzichtete Indien darauf, Soldaten nach Afghanistan zu schicken – in jene Region, die viele pakistanische Militärs als strategisch bedeutsamen Raum im Falle eines Konflikts mit Indien betrachten und den sie gerne in ihre Einflusszone zurückverwandeln würden. Stattdessen hilft Delhi der pakistankritischen Regierung von Hamid Karzai mit anderen Mitteln. Mehr als eine Milliarde Dollar sind bisher in den Straßenbau, ins Gesundheits- und Bildungswesen geflossen. Und entlang der pakistanischen Grenze errichtete Delhi mehrere große Konsulate, nach Meinung des ISI Außenposten des indischen Geheimdienstes beherbergen. aber Indien sträubt sich. Vorsichtige Versuche Hollbrookes und des britischen Außenministers Miliband, Kaschmir auf die Tagesordnung zu setzen, wurden von Delhi erfolgreich torpediert. Am Dienstag signalisierte der frühere Botschafter Blackwill, dass sich Indien auf weitere Vorstöße gefasst machen müsse.

In den außenpolitischen Zirkeln Indiens herrscht kein Zweifel darüber, dass der Region sowie ein Ende der bedrohlichen Talibanisierung „Gemeinsame Interessen", meint der Publizist und Wissenschaftler Raja Mohan, „führen aber nicht sierte – Militärregierung könne womöglich den Taliban besser Einhalt gebieten und die Nuklearwaffen schützen, werde aber wenig zur Stabilisierung Afghanistans beitragen, argumentiert er. Aus indischer Sicht, sagte Mohan schon im Februar, sei es wichtiger, die Macht der Armee zu brechen, insbesondere ihre Definitionskraft über die Ziele der pakistanischen Afghanistan- und Indien-Politik sowie ihre jahrzehntelange Allianz mit den Extremisten.

Wenig abgewinnen können die Inder auch den neuen Versuchen Kabuls und westlicher Nato-Länder, einen Keil zwischen die Taliban zu treiben und den „gemäßigten" unter ihnen Gesprächsangebo-

Es erfordert von den Journalisten einige Übung, der neuen Funktion des Vorspanns gerecht zu werden. Nach unserer Erfahrung arbeiten Zeitungsredakteure auch dann mit einem nachrichtlichen Vorspann, wenn ein lockender angebracht wäre. Das gilt selbst, wenn das Layout eindeutig einen neugierig machenden Vorspann vorsieht. Und Ähnliches gilt für Überschriften. Schulungen in diesen Kleintextformaten gehören deshalb zum Standard relaunchbegleitender Weiterbildung.

6.5 Schriften

Der Rest dieses Buches könnte mit Betrachtungen über Schriften, Schrifttypen und Schriftschnitte gefüllt werden. Letztlich käme man aber zu einem Ergebnis, das Redakteure in den Besprechungen mit Zeitungsgestaltern oft hören werden: „Das müssen wir uns einmal ansehen." In der Tat liegt die Kunst der Schriftauswahl darin, eine Harmonie zu erreichen, die Lesbarkeit mit einer gewissen Spannung vereint. Wir fassen an dieser Stelle also nur einige grundsätzliche Regeln für den Umgang mit Schrift in der Zeitung zusammen, die den Nicht-Layoutern erlauben, in der Diskussion mit einem Grafiker nicht gleich die Segel streichen zu müssen.

Die Typografen unterscheiden zwischen Arten: Erstens den Serifenschriften, manchmal auch (typografisch nicht ganz korrekt) als Antiqua bezeichnet. Zweitens den serifenlosen Schriften, die auch Grotesk-Schriften genannt werden. Serifen sind die kleinen Häkchen an den Buchstaben. Sie helfen dem Leser, die Zeile zu halten. Man bevorzugt sie deshalb für lange Texte.

In den meisten Zeitungen ist die Grundschrift eine Serifenschrift. Eine klassische Wahl ist die Times, die für die gleichnamige Londoner Tageszeitung in den 30er Jahren des vergangenen Jahrhunderts entwickelt wurde. Sie lässt sich auch auf schlechtem Papier und bei schlechter Druckqualität gut lesen. Sie ist auf fast allen Computerprogrammen zu finden. Allerdings wirkt die Times, aufgrund ihrer häufigen Verwendung, langweilig. Eine Schrift, die ebenfalls oft für Zeitungen eingesetzt wird, ist die Garamond. DIE ZEIT nutzt sie zum Beispiel. Viele Blätter verwenden Varianten dieser oder anderer Schriften, größere Zeitungen lassen sich manchmal sogar eine eigene Schrift entwerfen. Für den Laien sind die Unterschiede zwischen einzelnen Schriften oft nicht leicht zu erkennen. Selbst Garamond und Times bezeichnen Schriftfamilien mit mehreren einzelnen Schriften.

Hier als Beispiel die Schriftwahl der STUTTGARTER ZEITUNG, der LUDWIGSBURGER KREISZEITUNG und der WESTDEUTSCHEN ZEITUNG:

STUTTGARTER ZEITUNG   LUDWIGSBURGER   WESTDEUTSCHE
                      KREISZEITUNG   ZEITUNG

Die einzelnen Schriftfamilien bestehen meistens aus verschiedenen Schriftschnitten. Als Schriftschnitte bezeichnet man die Stärke, Breite und Lage der einzelnen Buchstaben.

Die Schriftbreite wird benannt mit den Begriffen als Schmal, Normal oder Breit (engl. Condensed oder Compressed, Regular und Expanded oder Extended); die Schriftstärke hat die Bezeichnungen leicht, mager, normal, halbfett, fett oder extrafett (engl: Light, Roman oder Book, Semibold, Bold und Extrabold); die Schriftlage kann normal oder kursiv (engl. Regular, Italic oder Oblique) sein.

mager (light)	Dies ist ein Blindtext
mager (light) kursiv	*Dies ist ein Blindtext*
normal (book)	Dies ist ein Blindtext
normal (book) kursiv	*Dies ist ein Blindtext*
halbfett (semibold)	**Dies ist ein Blindtext**
fett (bold)	**Dies ist ein Blindtext**
fett (bold) kursiv	***Dies ist ein Blindtext***
extrafett (extrabold)	**Dies ist ein Blindtext**
schmal (Condensed)	Dies ist ein Blindtext
breit (expanded)	**Dies ist ein Blindtext**

Am besten lesbar in einem Fließtext ist der Schriftschnitt „normal" (regular). Bei Überschriften oder Zwischenzeilen wird gerne der Schnitt „fett" (bold) verwendet. Beim Mischen der verschiedenen Schriftschnitte sollte man sehr vorsichtig sein. Bei etwaigen Hervorhebungen innerhalb einer Textpassage kann man das allerdings durch Fetten oder Kursivstellung erreichen. Bei der Auswahl der Schriften ist es wichtig, dass möglichst Schnitte vorhanden sind und die Buchstaben auch in weniger üblichen Schnitten noch gut lesbar und ästhetisch ansprechend sind.

Zudem kommt es nicht nur auf die einzelnen Schriften und ihre Schnitte an, sondern auch darauf, wie sie gesetzt sind. Zeilenbreite und Durchschuss können bei gleicher Schrift völlig unterschiedliche Wirkungen hervorrufen. Das sollte man beim Relaunch besonders bei einer Frage in Erinnerung behalten. Gelegentlich wünschen sich nämlich Redaktionen, dass die Gestalter bei einem Relaunch die Schrift größer wählen, damit ältere Leser sie besser entziffern können. Ein größerer Font kann aber genau das Gegenteil bewirken: Der Text wird schlechter lesbar. Das liegt daran, dass die Augen in kleinen Sprüngen, so genannten Sakkaden, über den Text gleiten. Wenn bei einer Sakkade nur wenige Wörter oder Buchstaben erfasst werden, wird das Lesen mühseliger. Die Lesbarkeit lässt sich oft durch einen größeren Durchschuss, also Zeilenabstand, bei gleich bleibender Schriftgröße erhöhen.

Soll bei einem Relaunch die Schrift geändert werden? Manche Redaktionen schrecken davor zurück, bei einem Relaunch eine neue Schrift zu nehmen, weil sie glauben, dies verändere das Erscheinungsbild der Zeitung so stark, dass die Leser abgeschreckt werden. Wir halten diese Sorge für übertrieben. Zumindest sollten die Argumente bedacht werden, die für eine neue Schrift sprechen:

Erstens sind Schriften Moden unterworfen. Auch ohne typografische Ausbildung können Leser oft einordnen, zu welchem Jahrzehnt eine Schrift gehört. Mit einer veralteten Schrift wirkt die Zeitung als ganzes veraltet – selbst wenn alle anderen Elemente modernisiert wurden.

Zweitens passen ein modernisiertes Layout und eine alte Schrift in vielen Fällen nicht mehr zusammen.

Drittens gibt es wie oben erwähnt, unzählige Varianten von bestimmten Schriften. Es ist also ohne weiteres möglich, eine Schrift zwar grundsätzlich beizubehalten, aber eine moderne Variante davon zu wählen.

Zusätzlich zur Grundschrift wird man in der Regel eine Auszeichnungsschrift wählen. Sie wird bei Überschriften, Bildunterschriften, in Info-Kästen und besonderen Textformen, zum Beispiel bei einem Kurzkommentar, eingesetzt. Grundsätzlich wäre es auch denkbar, mit nur einer Schrift auszukommen, die aber dann sehr geschickt eingesetzt werden muss, um der Gefahr der Langeweile zu entgehen.

In der Zeitschriftengestaltung gilt die Faustregel: Die Grundschrift ist eine Serifenschrift, die Auszeichnungsschrift eine Grotesk. Eine der Variationen der Frutiger ist als Auszeichnungsschrift sehr beliebt. Bei der Zeitungsgestaltung hingegen werden oft auch Serifenschriften als Zweitschrift eingesetzt. Hier gilt in der Tat das Diktum: „Das muss man sich ansehen!"

Wenn man verschiedene Schriften einsetzen will, sollte Folgendes beachtet werden:

- Nie mehr als drei Schriftarten oder- schnitte verwenden.
- Die verwendeten Schriften sollten in ganz klarem Kontrast zueinander stehen (Serifenlose und Serifenschriften).
- Man benutzt die gleiche Schrift, aber in verschiedenen Schnitten.
- Das Layout sollte sparsam mit Hervorhebungen (fett, kursiv etc.) umgehen, sonst verfehlen sie ihre Wirkung.

6.6 Spalten und Raster

Wie viele Spalten eine Zeitung haben sollte, entscheidet sich nach dem Format. Auf jeden Fall sollten Zeitungen einen durchschaubaren Umgang mit Spalten haben (anders als die oben gezeigte Seite aus der GIESSENER ALLGEMEINEN). In der Zeitschrift kann man die Spaltenzahl abwechseln, zum Beispiel zwischen Magazinseiten und Artikeln. In der Tageszeitung wird das bei der täglichen Handhabung in der Regel aufwändig. Erleichtert wird der

Umgang dadurch, das die Zeitungsseite in ein Raster eingeteilt ist, an dem sich die Spalten ausrichten.

Raster schaffen Ordnung und erleichtern das Lesen. Es hilft beim Einsatz der verschiedenen Elemente, nämlich Texte und Bilder, Kästen, Tabellen, Grafiken und Anzeigen. Es schafft eine gewisse Einheitlichkeit der ganzen Publikation.

Bei Zeitungen wird das Raster wie folgt aufgeteilt: Satzspiegel, Ränder, Spaltenraster (-anzahl), Spaltenabstand, Zeilenraster (-anzahl), Kolumnentitel.

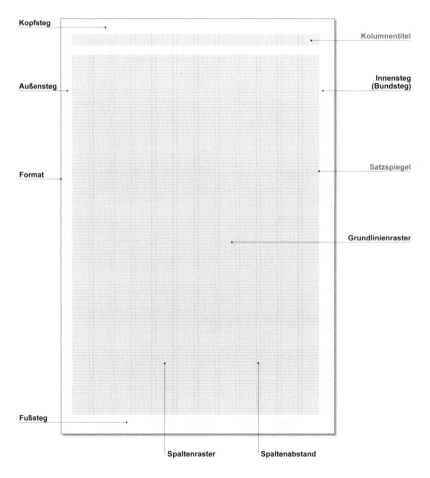

Satzspiegel wird die Nutzfläche der Seite genannt. Er wird begrenzt durch den Rand (auch als Steg bekannt). Der untere Rand sollte immer etwas größer sein als die anderen Seitenränder. Rubrikenköpfe, Hinweis auf Datum und Ausgabe sowie Seitenzahlen liegen meist außerhalb des Satzspiegels. Die meisten Zeitungen haben fünf oder sechs Spalten. Das ist gut lesbar und sorgt für gewisse gestalterische Freiheiten. Die Spaltenbreite sollte, abhängig vom Zeitungsformat, zwischen 54-60 mm liegen.

Um bei der Gestaltung der Seiten nicht zu viel Langeweile aufkommen zu lassen, wird das sichtbare Layout für den Gestalter nochmals aufgeteilt. Das heißt, dass er seine Spalten nochmals unterteilt entweder in 12, 18 oder 24 Spalten. Dies wird als Spaltenraster bezeichnet. Es gibt dem Gestalter die Möglichkeit, Logos, Bilder, eingeklinkte Zitate oder andere gestalterische Elemente individuell in den Fließtext einzubauen. So lockert er das Layout auf und lässt spannende Gestaltungsvariationen zu, ohne aus dem Gesamtraster zu fallen.

Der BOSCH ZÜNDER, eine im Zeitungsformat erscheinende Mitarbeiterzeitschrift der Firma Bosch, hat es gewagt, mit zwei Spaltenbreiten zu arbeiten. Vor dem Relaunch war das Blatt durchgängig fünfspaltig. Nach dem Relaunch wechselt es zwischen sechs Spalten und fünf Spalten. Man kann an den Titelseiten sehen, wie die neue Spaltigkeit der Zeitung mehr Spannung und Lebendigkeit verleiht.

Zeitungsrelaunch

vorher　　　　　　　　　　nachher

Deutlich wird die Möglichkeit, Abwechslung und Flexibilität durch eine Auflösung starrer Spaltigkeit zu erreichen, auf der zweiten Seite:

vorher　　　　　　　　　　nachher

An diesen beiden Seiten lässt sich ebenso erkennen, dass persönlichere Texte, zum Beispiel Kommentare (und das „Frühstücksinterview" unten in der Mitte der neuen Seite) durch Flattersatz an Leichtigkeit gewinnen.

Lange Texte in der Zeitung sollten im Blocksatz gesetzt werden. Er erleichtert das Lesen, weil man den Zeilenanschluss schneller findet. Der Blocksatz spricht gegen allzu schmale Spalten, denn dadurch würden Löcher im Satz durch auseinander gerissene Wortzwischenräume erzeugt.

Bestimmte Elemente, zum Beispiel Kurzkommentare oder Info-Kästen, können durch Flattersatz aufgelockert werden. Er wirkt leichter und man kann ihn auch bei schmaleren Spalten einsetzen, wie beispielsweise bei einspaltigen Texten in Kästen.

Zeitungen, die noch keinen Blockumbruch eingeführt haben, sollten dies bei einem Relaunch tun. Verschachtelter Umbruch wirkt auf den Leser verwirrend und altmodisch. Autoren werden durch den Blockumbruch diszipliniert, denn sie müssen auf Zeile schreiben – oder auf Zeile redigiert werden. Von den großen Zeitungen hält eigentlich nur noch die NEUE ZÜRCHER ZEITUNG an einem moderaten verschachtelten Umbruch fest.

6.7 Rubriken und Wochenendbeilage

Alle Zeitungen arbeiten mit Rubriken. Die erste Seite eines Buches beginnt mit einer neuen Rubrik, zum Beispiel Politik, Wirtschaft, Sport, Kultur, Service usw. Diese Rubrik steht stets groß oben auf dem Kopf der Seite. Man kann bei der WZ gut erkennen, wie der Rubrikenkopf für die Düsseldorf-Seiten nach dem Relaunch markanter wurde.

Zeitungsrelaunch

vorher

nachher

Diese Rubriken erleichtern dem Leser das Finden seines Interessengebietes. Deshalb scheint es auch sinnvoll, wenn in einer Zeitung die Rubriken stets an derselben Stelle der Zeitung erscheinen. Manche Zeitungen gaben den Rubriken auch eine Art Farbleitsystem. Wobei das weniger wichtig ist als im Zeitschriften-Layout.

Eine besondere Beachtung verdient die Wochenendbeilage der Zeitung. Sie sollte durch eine besonders herausgehobene Gestaltung hochwertiger gemacht werden. Die TAZ hat sich entschieden, ihre Wochenendbeilage SONN-TAZ mit einem fast ganzseitigen Bild einzuleiten:

Zeitungsrelaunch

Die STUTTGARTER ZEITUNG hat die traditionelle Anmutung ihrer Beilage „Die Brücke zur Welt" beibehalten, sie aber deutlich modernisiert:

vorher

nachher

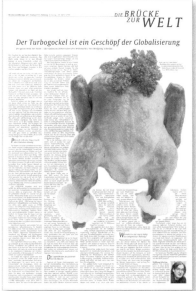

6.8 Gestaltungselemente

In den Text eingeklinkte Zitate, so genannte Quotes, spielen in Zeitungen eine zunehmende Rolle. Sie sind ein Gestaltungselement, das Zeitungen von Zeitschriften übernommen haben. Deshalb bieten sie sich bei Hintergrundgeschichten, Reportagen, Porträts und natürlich Interviews an. Bei rein nachrichtlichen Texten sollte auf Quotes eher verzichtet werden.

> freien Blick auf den Fluss und die Schwesterstadt Windsor. Detroit hat in der Zeit des Wall-Street-Booms den Traum von der postmodernen Ökonomie geträumt. Leere Fabrikgebäude wurden planiert, um Platz für zwei nagelneue Stadien zu schaffen. Drei große Spielcasinos haben sich im Zentrum angesiedelt. Die Stadt mit dem rabenschwarzen Image sollte zum Mekka der dynamischen jungen Leute werden, die das urbane Ambiente suchten. Investoren bastelten Pläne für immer neue, teure Apartments. Doch inzwischen tummeln sich auf einigen leergeräumten Grundstücken
>
> kanadische
>
> „So wie es hier aussieht, werden bald viele amerikanische Städte aussehen."
>
> Phil Bailey, 34, Krankenpfleger aus Detroit
>
> „Wir Detroiter sind keine Waschlappen"
>
> Jim Rehberg, 60, Arbeiter bei General Motors
>
> ein intaktes,
>
> dungen als Bedrohung angesehen: „Dann kommen die aus der Stadt und machen Probleme, heißt es." Für die Autokonzerne ist Detroit lange nur Beute gewesen, eine Stadt, die man aussaugte und dann als leere Hülle fallen ließ. „Ein krasses Beispiel dafür gab es, als Chrysler der Stadt Detroit eine alte Dodge-Fabrik für einen Dollar übereignete", sagt David Fasenfest. General Motors erklärte sich bereit, dort wieder eine Fabrik zu errichten. Allerdings wollte der Autohersteller 250 weitere Hektar für sein Werk. Die Stadt gehorchte und opferte von polnischen Einwanderern

Zwischenzeilen sind wichtig für den Leser. Beim Überfliegen einer Seite verschafft er sich durch sie einen Überblick über den Inhalt des Artikels. Deshalb sollten Zwischenzeilen ausreichend Platz dafür bieten, etwas Sinnvolles zu formulieren. Einzeilige Zwischenzeilen, eventuell sogar mit großem Fonds, erlauben nur kryptische Äußerungen. Die WESTDEUTSCHE ZEITUNG hat sich deshalb bei ihrem Relaunch für zweizeilige Zwischenüberschriften entschieden.

> Von der Heydt-Museum gab der Direktorenwechsel von Sabine Fehlemann zu Gerhard Finckh Anlass zur Umgestaltung. In einem Aufwasch wurde die Grafiksammlung intensiv gesichtet. Ein Teil erstrahlt ab morgen „Im neuen Licht".
>
> **Finckh: „Nur Grafik ist zu langweilig"**
>
> Schwer wiegt die grafische Kollektion des Hauses, sie beläuft sich auf gut 30 000 Blätter. Bis-
>
> mal kurz auftaucht, um ein bisschen Werbung für seine neue Comedyserie „Hallo Taxi" bei RTL zu machen.
>
> **Wenn Kerkeling wiederkommt, bringt er Horst Schlämmer mit**
>
> Natürlich würde sich jeder Sender gern mit Kerkeling schmücken. Manche TV-Auguren sehen ihn daher als Nachfolger von Thomas Gottschalk bei „Wetten,

Für Info-Kästen bedarf es eines journalistischen Konzepts. Das heißt: Die Redakteure müssen wissen, was sie in einen Info-Kasten auslagern können. Er sollte nur zwei Zwecken dienen: Erstens, um Fakten, die im Text keine Berücksichtigung finden konnten, auszulagern. Und zweitens, um einen erzählerischen Text um trockene Fakten, Zahlen und Daten zu erleichtern. Sie sind nicht der Ort für eine Art von Vorspann oder eine Zusammenfassung des Inhaltes, jedenfalls nicht in der Zeitung.

Die WESTDEUTSCHE ZEITUNG hat nach ihrem Relaunch festgelegt, dass jeder Aufmacher durch einen Info-Kasten ergänzt werden muss. Im Interview für dieses Buch (siehe Seite 137) erklärt Martin Vogler, der stellvertretende Chefredakteur, dies habe dazu geführt habe, dass die Redakteure beim Schreiben ihre Texte besser im Voraus strukturieren müssen. Grundsätzlich halten wir so strikte Regeln für problematisch, weil sie zu sinnlosen Inhalten in Info-Kästen führen können. Andererseits: Wenn es keine Festlegung gibt, besteht die Gefahr, dass die Redakteure aus Bequemlichkeit immer öfter auf die Info-Kästen auch dann verzichten, wenn sie angebracht wären.

Autorenzeilen: Die erfolgreichste deutsche Zeitung, die Wochenzeitung DIE ZEIT, hat sich vor allem dadurch profiliert, dass sie ein Autorenblatt ist. Sie legt also großen Wert auf die Individualität und das eigenständige Profil derer, die für sie schreiben. Gestalterisch kann das bei einem Relaunch durch eine Aufwertung der Autorenzeile deutlich gemacht werden.

Journalistisch vermag auch die Lokalzeitung ihr schreiberisches Potenzial erhöhen. Das kann durch die Einführung von klar herausgehobenen Kolumnen geschehen. Kolumnen sind persönlich gehaltene Kommentare. Die Autoren verzahnen vielfach persönliches Erleben mit allgemeinem Räsonieren. Gepflegt wird die Tradition vor allem in der angelsächsischen Presse. Zudem greift sie die neue journalistische Form des Blogs auf, der nach ähnlichen Prinzipien funktioniert. Kolumnen können demnach im Internet fortgesetzt werden. Gestalterisch ist hingegen, je nach allgemeiner Anmutung der Zeitung, ein Rückgriff auf alte Zeiten denkbar, nämlich anstatt mit fotografischen Porträts der Kolumnisten mit stichartigen Porträts zu arbeiten.

Freisteller können sehr attraktiv wirken. Sie machen aber Mühe, wenn sie sauber gearbeitet werden. Zeitungen sollten deshalb genau überlegen, ob sie in der Lage sind, diese zusätzliche Arbeit zu leisten.

Auch Infografiken sprechen den Leser überdurchschnittlich an. Sie sollten, wenn immer es sich anbietet, statt reiner Textinformation genutzt werden. Ebenso wie bei Freistellern muss man sich jedoch bewusst sein, dass ihre Gestaltung Zeit in Anspruch nimmt.

6.9 Praxisberichte

Interview mit Michael Maurer, stellvertretender Chefredakteur der STUTTGARTER ZEITUNG

Woran erkennt man, dass ein Relaunch notwendig geworden ist?
Bei uns war es zunächst ein unbestimmtes Gefühl, schließlich lag der letzte Relaunch gut zehn Jahre zurück. Sicherlich, wir hatten in der Zwischenzeit unter anderem an der Bildsprache gearbeitet und hatten mehr Infografiken ins Blatt genommen. Auch die technischen Möglichkeiten der letzten Jahre für den Einsatz von Farbe hatten wir genutzt. Die Nutzungsgewohnheiten der Leser verändern sich jedoch stärker. Leser werden flüchtiger. Sie wollen sich schneller und müheloser einen Überblick über das Angebot ihrer Zeitung verschaffen.

Diesen neuen Anforderungen konnten wir mit dem alten Layout nicht mehr gerecht werden. Als Joachim Dorfs Chefredakteur unserer Zeitung wurde, hat er zudem seine Sicht von außen eingebracht. Danach war recht schnell klar, dass wir einen Relaunch machen wollen.

Gab es Anstöße von Lesern?
Erst später. Nachdem wir uns zum Relaunch entschlossen hatten, sind wir zunächst in die Marktforschung gegangen. Dabei haben wir mit Fokusgruppen-Diskussionen gearbeitet, und zwar unterteilt in Leser und potenzielle Leser. Die Bestandsleser zeigten sich außerordentlich zufrieden mit der Zeitung und sprachen ihr eine hohe Wertschätzung aus. Allerdings konnten sie nicht sagen, weshalb genau sie denn so zufrieden mit der Zeitung sind. Doch wäre es nur nach ihnen gegangen, hätten wir nichts ändern müssen. Die potenziellen Leser fanden die Zeitung ebenfalls nicht schlecht, meinten aber, sie komme sehr unscheinbar daher. Manche sprachen sogar von einem „hässlichen Gesicht". Das bestätigte uns darin, den Relaunch anzugehen.

Welche Ziele hatten Sie für den Relaunch definiert?
Der Charakter der Zeitung musste erhalten bleiben. Wir verstehen uns als eine seriöse Qualitätszeitung für ein breites Publikum. Einer Verschiebung ins Boulevardeske hätten wir uns also verweigert. Unser Wunsch war eine frischere Optik und eine Reaktion auf die veränderten Lesegewohnheiten. Zwei Punkte schälten sich alsbald heraus: Erstens wollten wir den Charakter der Seite eins bewahren. Deshalb bleiben dort der Leitartikel, die Karikatur und der Hintergrundartikel unterm Bruch erhalten. Zweitens hatten wir uns für ein Bild auf der Seite eins entschieden. Wir waren zum Schluss meines Wissens die einzige Zeitung in Deutschland, die kein Foto auf der ersten Seite hatte. Das mag man als Alleinstellungsmerkmal ansehen; unser Eindruck war jedoch, dass wir damit nur ziemlich alleine dastanden.

Besteht nicht in der Tat die Gefahr, die Unverwechselbarkeit zu verlieren?
Diese Gefahr haben wir auch gesehen. Die Auswahl an guten aktuellen

Bildern ist ja an einigen Tag gering. Wir wollten zudem vermeiden, mit dem gleichen Bild wie unser Schwesterblatt STUTTGARTER NACHRICHTEN am Kiosk zu liegen. Also sind wir, zusammen mit der Berliner Agentur KircherBurkhardt, darauf gekommen, ein Highlight aus dem Blatt im Bild herauszustellen, also das Foto als das Schaufenster der Zeitung für einen besonders interessanten Beitrag zu verstehen. Sicherlich wird es Tage geben, bei einer Bundestagswahl, einem Amoklauf oder ähnlichen Ereignissen, wo wir lächerlich wirken würden, machten wir nicht mit einem aktuellen Foto auf. Aber das sollen Ausnahmen bleiben.

Nicht ganz einfach durchzuhalten, so ein Konzept.
Das stimmt. Für den Dummy hatten wir ein Foto von Klaus Peymann ausgewählt. Wir dachten: Eine bekannte Person aus der Kultur, die lange in Stuttgart gewirkt hat. In der Marktforschung stellte sich heraus, dass die Leser Peymann nicht erkannten und noch nicht einmal etwas mit dem Namen anfangen konnten. Damit war auch klar, dass ein so elitäres Bildkonzept, wie es sich die FAZ für ihre Seite eins ausgedacht hat, bei uns nicht funktioniert.

Warum haben Sie sich entschieden, mit einer Agentur zusammenzuarbeiten und den Relaunch nicht selbst zu machen?
Das hätten wir personell nicht bewältigen können. Die entsprechende Abteilung ist nicht so üppig ausgestattet, dass wir den Art Director und weitere Grafiker einfach aus der aktuellen Produktion herausnehmen können. Wir haben übrigens zwei Agenturen beauftragt. Eine fürs Layout, eine weitere Agentur für die Marktforschung. Ich halte es für sehr wichtig, vor einem Relaunch qualitative Marktforschung zu betreiben. Wir haben unsere Redakteure eingeladen, hinter der Blindglasscheibe die Diskussionen zu verfolgen. Das war sicherlich für den einen oder anderen ganz lehrreich. Wie fern einige Kollegen der Marktforschung noch stehen, zeigte sich daran, dass der eine oder andere nicht teilnahm, weil er das „Verstecken hinter der Blindglasscheibe" nicht akzeptierte – ein in der Markforschung seit Jahrzehnten übliches, seriöses Verfahren.

Einige Chefredakteure lehnen einen großen Relaunch ab und favorisieren eine ständige Fortentwicklung des Blattes, weil der Leser Veränderungen scheue. Was halten Sie davon?
Es stimmt sicherlich, dass die meisten bestehenden Leser am liebsten gar keine Veränderung hätten. Es soll alles so bleiben wie es ist. Das wäre übrigens auch manchem Redakteur am liebsten. Wir haben aber festgestellt, dass unsere Leser ein enormes Vertrauen in die Marke „STUTTGARTER ZEITUNG" haben. Sie werden uns also einen Relaunch zumindest verzeihen – und später hoffentlich dankbar sein. Eine stete Veränderung statt eines großen Relaunchs halte ich für problematisch. Es dürfe schwer fallen, dabei die Einheit der Optik zu wahren und gleichzeitig eine redaktionelle Strategie umzusetzen.

Wie lautete denn die redaktionelle Strategie der STUTTGARTER ZEITUNG?
Dem Leser mehr Orientierung geben. Das bedeutet zum Beispiel: Weg von den Sechzig-Zeilern. Layoutmäßig lässt sich das leicht umsetzen. Wir haben eine Nachrichtenspalte eingeführt und auf dem Rest der Seite Platz geschaffen für große Stücke. Journalistisch verlangt ein solcher Ansatz aber enormes Umdenken. Die Redaktion muss sich überlegen: Was machen wir groß? Was lassen wir weg? Früher hätten wir die dutzendste Wortmeldung eines Politikers zur Gesundheitsreform in 60 Zeilen abgehandelt. Nach dem Relaunch zwingen wir uns zu entscheiden, ob die Äußerung die Sache voranbringt oder unsere Leser letztlich nur langweilt. Hinzu kommt, dass Redakteure mehr über die Präsentation ihres Stoffs nachdenken müssen. Das ist eine Fähigkeit, die bei manchen Journalisten – auch bei anderen Blättern – noch unterentwickelt ist. Wir legen zum Beispiel mehr Wert auf Überschriften und Unterzeilen, generell auf eine zweite Leseebene. Diese Elemente verlangen beim Schreiben eine gewisse Sorgfalt und Überlegung, damit sie ihren Zweck erfüllen.

Wie haben Sie die Redaktion in den Relaunch einbezogen?
Sehr wichtig war ein eintägiger Workshop von Redaktion und Verlag, inklusive des Geschäftsführers, ganz am Anfang des Prozesses. Darin sind wir uns klar darüber geworden, in welche Richtung wir mit dem

Relaunch marschieren wollen. Wir haben danach großen Wert darauf gelegt, die Redaktion zu informieren. Aber klar ist auch: Es kann nicht die ganze Redaktion mitentscheiden. Welche Agentur ausgewählt wird, welches Layout wir letztlich nehmen, darüber entscheiden zunächst die Chefredaktion und am Ende die Geschäftsleitung und natürlich die Eigentümer. Anders können sie einen so hochkomplizierten Prozess des Relaunchs in einer Redaktion mit rund 200 Mitgliedern nicht durchziehen.

Glauben Sie, in zehn Jahren noch eine Zeitung zum Relaunchen zu haben – oder wird das Medium dann verschwunden sein?
Man kann sich nie sicher sein. Aber ich bin optimistisch. Wir machen uns keine Illusionen. wir werden durch den Relaunch die Auflage vermutlich nicht in astronomische Höhen treiben. Wenn wir den stetigen Rückgang der Abozahlen verlangsamen oder gar zum Stillstand bringen könnten, wären wir schon hoch zufrieden. Aber wenn wir einmal davon ausgehen, dass Zeitungen in Zukunft gut informierte Eliten mit Hintergrund versorgen, dann sind wir nach dem Relaunch gut aufgestellt.

Michael Maurer, geboren 1960 in Schramberg (Schwarzwald), volontierte von 1980 bis 1982 bei der SCHWÄBISCHEN ZEITUNG in Leutkirch. Er studierte Politikwissenschaft und Geschichte in Stuttgart. Parallel zum Studium freie Mitarbeit bei der STUTTGARTER ZEITUNG, erst im Lokal-, später im Sportressort. In diesem Ressort dann von 1987 bis 1998 als Redakteur tätig, seit 1998 Chef vom Dienst. Seit Mai 2009 ist er stellvertretender Chefredakteur und Chef des Newsrooms.

Interview mit Martin Vogler, stellvertretender Chefredakteur der WESTDEUTSCHEN ZEITUNG, Düsseldorf

Woran erkennt man, dass ein Relaunch nötig ist?
Ein einziges, objektives Merkmal lässt sich dafür kaum finden. Die Welt entwickelt sich weiter, der Geschmack unserer Leser verändert sich. Zudem verändern sich die Produktionsbedingungen und die technischen Möglichkeiten. Bei uns war es neben vielen anderen Beweggründen der Wunsch, mehr Dialogfunktionen in der Zeitung einzuführen, der letztlich einen der Anstöße für den Refresh – wir haben intern bewusst das Wort Relaunch vermieden – gegeben hat. Wir suchten nach Wegen, Leserstimmen, eine tägliche Umfrage und Ähnliches ins Blatt zu integrieren, und haben im alten Layout dafür keine befriedigenden Lösungen gesehen.

In welchen Zeiträumen sollte man einen Relaunch vorsehen?
Ich denke, dass etwa alle fünf bis zehn Jahre ein Relaunch nötig wird. Wobei zehn Jahre schon ein sehr langer Zeitraum sind, der vermutlich einen zu radikalen Schnitt verlangt. Es ist also besser, in kürzeren Abständen etwas zu tun. Man sollte auch bedenken, dass sich ein Refresh immer noch weiterentwickelt. Wir haben zum Beispiel in der WESTDEUTSCHEN ZEITUNG nach rund eineinhalb Jahren geringfügig nachgearbeitet, weil bestimmte Dinge in der Praxis noch verbesserungsbedürftig waren. So hatten wir zu Anfang nur einspaltige Kurzkommentare vorgesehen. Später haben wir festgestellt, dass wir aus umbruchtechnischen Gründen gelegentlich auch zweispaltige Kurzkommentare zulassen müssen. In einem anderen Fall mussten wir nach einer Möglichkeit suchen, in einzelnen Lokalteilen auch Ehrungsfotos und ähnliche eher nicht so aufregende Motive in größerer Zahl unterbringen zu können. Diese kleinen Anpassungen haben die Leser vermutlich gar nicht bemerkt.

Welche Ziele hatten Sie sich für den Relaunch gesetzt?
Natürlich lag uns an einer besseren Akzeptanz im Markt. Die Zielgruppen ändern sich, ihre Ansprüche wachsen. Die Zeitung sollte jünger, weiblicher, sympathischer und nutzwertiger werden.

Wie sind Sie beim Relaunch vorgegangen?
Wir haben uns sehr intensiv mit der Frage auseinandergesetzt: Wohin wollen wir? Wir haben intensiv Marktforschung betrieben, um eine klarere Antwort auf diese Frage zu erhalten. Dabei haben wir Gruppendiskussionen und Einzelinterviews genutzt. Hilfreich war, dass wir uns für zwei Marktforschungsrunden entschieden hatten. Eine mit der alten Zeitung, eine mit einem Dummy der neuen. Positive Erfahrung haben wir damit gemacht, Redakteuren die Möglichkeit zu geben, hinter einer verspiegelten Glasscheibe die Diskussionen und Interviews zu verfolgen, beziehungsweise Aufzeichnungen davon zu sehen. Viele Kollegen haben so wertvolle Erkenntnisse über die Wünsche und Bedürfnisse unserer Leser gewonnen.

Was würden Sie anderen Redaktionen aufgrund Ihrer Erfahrungen raten?
Sie sollten den Zeitplan nicht zu straff machen. Zeitungsredaktionen müssen mit gut einem Jahr rechnen. So lange braucht es für die Meinungsbildung in der Redaktion und die Umsetzung von Vorschlägen, die ja immer auch inhaltliche Fragen betreffen. In Arbeitsgruppen entstehen Ideen. Diese müssen gebündelt und bewertet werden, dann gestalterisch umgesetzt, abgestimmt und eventuell neu diskutiert werden. Hinzu kommt die Schulung von Redakteuren. Das alles sollte nicht in Hektik geschehen.

Wie haben Sie die Redaktion in den Relaunch eingebunden?
Wir hatten Projektgruppen gebildet, an denen rund 40 Prozent der Kollegen beteiligt waren. Diese Gruppen hatten bestimmte Themen bearbeitet, zum Beispiel, wie wir mehr Leserservice ins Blatt bekommen, wie die neuen Terminseiten aussehen sollten, wie sich die Lokalberichterstattung ändern sollte. Drei bis vier Wochen vor dem Start der veränderten Zeitung wurden alle Redakteure an den einzelnen Standorten auf hausinternen Präsentationen von Geschäftsführung und Chefredaktion umfassend informiert. Außerdem erhielt jeder Redakteur eine halbtägige Schulung im Umgang mit dem neuen Layout. Zuvor schon hatten wir nahezu die gesamte Redaktion in Seminaren zum Thema

Kleintexte weitergebildet. Schließlich haben wir ein Stilbuch mit allen gestalterischen und technischen Vorgaben vorgelegt.

Wie haben die Redakteure auf den Relaunch reagiert?
Ganz am Anfang des Projekts hatten wir ein paar kritische Stimmen, die fragten: „Warum brauchen wir eine Veränderung? Wir sind doch schon gut." Aber diese Skepsis verschwand, sobald das neue Layout und Konzept vorlagen. Danach war die Begeisterung groß, und alle Kollegen waren sich einig, dass die neue Zeitung besser und zeitgemäßer ist. Ihnen war aber auch bewusst, dass das neue Blatt einen täglichen Mehraufwand bedeutet. So haben wir jetzt zum Beispiel mehr Meldungen und andere kleinere Elemente. Wie jeder Journalist weiß: Drei Meldungen gut zu schreiben dauert länger als einen Dreispalter zu redigieren.

Welche Änderungen in der journalistischen Herangehensweise erfordert der Relaunch?
Wir haben großen Wert auf die unterschiedlichen Leseebenen gelegt. So gilt zum Beispiel die Regel, dass jeder Aufmacher durch einen Info-Kasten ergänzt werden muss. Das verlangt von den Redakteuren, ihre Artikel bewusster zu planen. Früher hat der eine oder andere Kollege sich möglicherweise einfach hingesetzt und losgeschrieben. Das geht heute nicht mehr. Er muss sich mehr Gedanken zur Strukturierung machen, was er in den Infokasten setzt oder ob er einen Kurzkommentar zum Thema schreiben will. Wir verlangen von den Redakteuren mehr Hintergrund und Einordnung – was letztlich dem Leser zugute kommt.

Was halten Sie für sinnvoller: einen hausinternen Relaunch oder die Beauftragung eines externen Beraters?
Ich rate stark davon ab, einen Relaunch mit Bordmitteln bewältigen zu wollen. Ich habe beide Versionen in meinem Berufsleben erlebt und auch mit unterschiedlichen Beratern zusammengearbeitet. Drei Gründe sprechen für eine externe Agentur. Erstens bringt der Berater Impulse von außen, also aus der Leserforschung und aus anderen

Projekten. Zweitens unterliegt er nicht der Gefahr der Betriebsblindheit, die sich in einer Redaktion leicht einstellt und die Offenheit für machbare Veränderungen einschränkt. Drittens besitzt ein Berater eine andere fachliche Autorität, mit seiner Hilfe kann man also leichter Widerstände überwinden. Die Redaktion sollte natürlich genug Selbstbewusstsein besitzen, Vorschläge eines Beraters auch mit guten Argumenten zurückzuweisen. Bei der MAIN POST in Würzburg, wo ich früher tätig war, haben wir mit dem Zeitungsdesigner Mario Garcia zusammengearbeitet. Der kam einmal stolz aus Florida mit Entwürfen angereist. Wir haben sie uns angeschaut und spontan gesagt: „Das gefällt uns nicht." Garcia hat nicht versucht, seine Vorstellungen zu verteidigen, sondern genau hinterfragt, wo aus unserer Sicht die Probleme liegen und gemeint: „Dann komme ich demnächst mit neuen Entwürfen wieder." Das fand ich damals extrem professionell und kundenorientiert.

Einige Chefredakteure lehnen einen großen Relaunch ab und setzen darauf, Veränderungen allmählich einzuführen. Was halten Sie davon?
Ich halte beide Wege für gangbar. Der Vorteil eines großen Schrittes ist es, dass man ihn durch Marketingmaßnahmen begleiten kann. Das gilt vor allem, wenn man neue Angebote, zum Beispiel in Form von neuen Seiten, macht.

Welche Marketingmaßnahmen haben Sie ergriffen?
Plakate, Citylights, Funkspots, Eigenanzeigen. Vor allem haben wir eine Relaunch-Beilage gemacht, in der wir den Lesern die Änderungen erläutert haben.

Wie haben die Leser reagiert?
Überwiegend positiv. Ich saß natürlich selbst auch am Relaunch-Tag am Lesertelefon und war überrascht, wie viel Zuspruch wir erhalten haben. Auch das hat meinen Eindruck bestätigt, dass wir im Großen und Ganzen richtig vorgegangen sind. Ich würde es bei einem nächsten Relaunch nicht wesentlich anders machen.

 Martin Vogler (54) war nach dem Volontariat bei der FRÄNKISCHEN LANDESZEITUNG/NÜRNBERGER NACHRICHTEN bis 2000 Redakteur der MAIN POST in Würzburg in verschiedenen Aufgaben, zuletzt als Chef vom Dienst. 2000 bis 2004 arbeitete er als Chef vom Dienst beim Wirtschaftsmagazin CAPITAL in Köln. Seit 2004 ist er bei der WESTDEUTSCHEN ZEITUNG in Düsseldorf, zuerst als Geschäftsführender Redakteur, seit 2007 als stellvertretender Chefredakteur.

Interview mit Isabell Funk, Chefredakteurin der
LUDWIGSBURGER KREISZEITUNG

Frau Funk, Sie halten einen Relaunch auf einen Schlag nicht für sinnvoll. Warum?
Bei einem Relaunch wird die Zeitung erheblich verändert. Der Leser findet sich von einem Tag auf den anderen nicht mehr in seinem Blatt zurecht. Lesegewohnheiten, die über die Jahre gewachsen sind, werden plötzlich über den Haufen geworfen. So etwas verwirrt die meisten Leser. Ich kenne dieses Gefühl von mir selbst: Wenn eine der Zeitungen, die ich täglich lese, plötzlich anders daherkommt, fange ich erst einmal an zu stutzen. Das gilt sogar dann, wenn ich aus fachlicher Sicht die Neugestaltung für gelungen halte.

Aber gewöhnt sich der Leser nicht sehr schnell an das Neue?
Das ist sicher richtig. Aber denjenigen Lesern, die gleichsam auf der Fensterbank sitzen, kann ein solcher Relaunch den Anstoß geben, sich ganz von der Zeitung zu verabschieden. Im Übrigen bin ich keineswegs der Meinung, dass im Blatt nichts verändert werden darf. Im Gegenteil: Bei der LUDWIGSBURGER KREISZEITUNG verändern wir ständig

etwas. Wenn Sie eine Ausgabe von vor acht Jahren, als ich die Chefredaktion übernommen habe, und von heute nebeneinander legen, dann wird klar, dass wir einen gewaltigen Relaunch gemacht haben – nur nicht auf einmal, sondern in vielen kleinen Schritten.

Wie sind Sie dabei vorgegangen?
Einer unserer ersten Schritte war vermutlich der am weitesten reichende – und jener, der den Lesern am augenscheinlichsten war. Wir haben nämlich die Struktur der Zeitung verändert und die einzelnen Bücher neu definiert. Zuvor hatte die Lokalberichterstattung auf Seite drei begonnen und ist dann im zweiten Buch fortgesetzt worden. Die klassische Seite drei floatete durchs Blatt. Da haben wir Ordnung reingebracht. Zugleich tauchen lokale Themen bereits auf Seite eins auf. Die Seite eins ist quasi das Schaufenster ins Blatt. Wir haben diese Veränderungen den Lesern ausführlich erläutert und am Ende sehr positive Leserreaktionen erhalten.

Was haben Sie im Laufe der Zeit noch verändert?
Als einen der nächsten Schritte haben wir uns die Schrift vorgenommen. Sie wurde größer, um die Lesbarkeit zu erhöhen. Ich glaube, dass bei einer Neugestaltung der Schrift die höchste Priorität eingeräumt werden sollte. Die gewählte Schrift bestimmt den gesamten Charakter eines Blattes. Es kommt darauf an, zusammen mit einem erfahrenen Zeitungsdesigner eine geeignete Schrift zu finden, die in Gestalt, Größe, Schnitten und Abständen harmonisch wirkt. Der Leser merkt übrigens vieles von den Veränderungen nicht bewusst. So haben wir eine graue und eine rote serifenlose Schrift für Überschriften über bestimmte Artikel neu eingeführt, ohne dass das den Lesern sonderlich aufgefallen wäre. Ähnliches gilt für viele andere Neuerungen, zum Beispiel neue Tabellenformen im Sport, eine Angleichung von Grafiken, gesoftete Fotos. Sogar recht radikale Schritte erkennt oft nur ein Fachmann auf den ersten Blick. Zum Beispiel haben wir ein 18-spaltiges Raster unterlegt, das es uns erlaubt, die Spaltenbreiten zu variieren und damit grafische Spannung zu erzielen. Wir haben Artikel neu gegliedert, indem wir Fact Boxes einführten und neue Themenseiten definiert. Kurzum:

Eine gute Zeitungsgestaltung spricht den Leser auf einer unbewussten Ebene an, indem sie ihm das Lesen und das Erfassen der Inhalte erleichtert.

Verliert man bei einer solchen ständigen Veränderung nicht irgendwann den Überblick?
Wir wissen ja sehr genau, was wir wollen, nämlich: Die Zeitung magaziniger machen. Die Schritte in diese Richtung überlegen wir zusammen mit unserem Zeitungsdesigner, mit dem wir uns regelmäßig, so etwa alle drei Monate, zusammensetzen. Wir probieren dann neue Ideen aus. Dabei berücksichtigen wir die allgemeinen Erkenntnisse der Leserforschung. Ich lasse die Veränderungen in der Redaktion diskutieren. Dieses Vorgehen führt dazu, dass ich auf so gut wie keinen Widerstand in der Redaktion gegen Veränderungen treffe. Bei einem großen Relaunch auf einen Schlag müssen die Chefredakteure ja oft noch zusätzlich gegen die Abwehrhaltung vieler Redakteure ankämpfen.

Was ist ihr Leitmotiv für die Veränderungen, die Sie sukzessive einführen?
Spannung, Lesbarkeit und Überraschung. Der Leser muss täglich gewonnen werden durch spannende Texte und eine spannungsreiche Gestaltung, er muss überraschende Informationen in seinem Blatt finden. Und diese Zeitung muss sich gut lesen lassen – optisch und inhaltlich.

Setzen Sie dabei auf narrative Darstellungsformen?
Ich bin da eher Puristin. Zeitungen sollten die klassischen Darstellungsformen sauber voneinander trennen. Sicherlich gibt es auf Seite drei bei uns Hintergrundstücke unseres Berliner Büros oder von den Agenturen, die stärker narrativ sind. Auch im Lokalen haben wir gelegentlich Artikel, die Nachricht und Meinung stärker mischen und erzählerischer daherkommen. Aber wichtig dabei bleibt für mich, dass wir den Lesern gleich zu Beginn des Artikels eine Orientierung bieten und nicht erst im Verlaufe oder am Ende des Artikels zum Kern kommen.

 Isabell Funk, geboren 1956 in Neunkirchen (Saarland), volontierte nach dem Jurastudium 1979 bei der SAARBRÜCKER ZEITUNG und war dort als Redakteurin und Leiterin verschiedener Lokalredaktionen tätig. 1995 bis 2001 wirkte sie als Chefin vom Dienst und stellvertretende Chefredakteurin der LAUSITZER RUNDSCHAU in Brandenburg; 2001 bis Oktober 2009 leitete sie als Chefredakteurin die LUDWIGSBURGER KREISZEITUNG. Seit Oktober 2009 ist Isabell Funk Chefredakteurin des TRIERISCHEN VOLKSFREUND

7 Zeitschriftenrelaunch

Der Relaunch einer Zeitschrift sollte sich an drei Kriterien orientieren, die sowohl die Gestaltung als auch den journalistischen Inhalt bestimmen:

- Lesbarkeit,
- Struktur und Übersichtlichkeit,
- Spannung und Kontrast.

Lesbarkeit bedeutet, dass die Zeitschrift für den Leser mühelos konsumierbar sein soll. Ausnahmen ergeben sich nur, wenn das Blatt einen sehr hohen grafischen Anspruch stellt und für eine kleine, elitäre und avantgardistische Zielgruppe gemacht wird. Meistens haben wir es jedoch mit Special-Interest- und Fachtiteln zu tun – also mit H&M-Mode statt mit der Haute Couture. Wie bei der Bekleidung setzen sich Elemente aus der Haute Couture nur mit Verzögerung und in abgeschwächter Form in der Massenware durch. International führende Design-Zeitschriften wie WALLPAPER haben in den letzen Jahren Trends gesetzt, die sich heute in vielen hochauflagigen Magazinen und im Corporate Publishing finden. Ein Beispiel dafür sind einspaltige Texte, die fast wie in einem Buch aussehen. Nach einem Aufmacherfoto (manchmal auch einer Illustration) auf einer ganzen (linken oder rechten) Seite wird in diesem Layout in vielen Fällen auf weitere Fotos verzichtet. Dadurch entsteht eine gediegene, ruhige Anmutung. Diese Gestaltung eignet sich besonders für Essays, also für längere, nachdenkliche, eher intellektuelle Artikel. Das avantgardistische Wirtschaftsmagazin „BRAND EINS" pflegt diese Gestaltung.

Lesbarkeit bezieht die Darstellungsformen, den Schreibstil der Artikel, die Auswahl der Schrift, des Papiers, des Drucks, der Farben und die Anordnung der gestalterischen Elemente zueinander mit ein. Struktur und Übersichtlichkeit heißt, dass sich die Leser rasch in ihrer Zeitschrift zurechtfinden können sollen. Journalistisch sollte dabei auf die Qualität von Überschriften und Vorspännen Wert gelegt werden. Sie helfen den Lesern bei der Orientierung und Einordnung. Gute Kleintexte informieren den Leser und machen ihm gleichzeitig Appetit auf das Lesen des gesamten Artikels. Gestalterisch sollten die Regeln eingehalten werden, die für die

Leserführung gelten. So nimmt ein Leser zum Beispiel nahe beieinander Stehendes als zusammengehörig wahr. Ähnlich Gestaltetes wird als Einheit gesehen. Das Layout sollte dem Auge keine allzu großen Sprünge zumuten. Bilder und Bildunterschriften müssen gut zuzuordnen sein. Die Dramaturgie, das heißt die Abfolge der Artikel und Elemente in der Zeitschrift, muss von Ausgabe zu Ausgabe gleich bleiben, damit der Leser die Orientierung behält. All das trägt zur Übersichtlichkeit von Zeitschriften bei.

Beim Relaunch ist nach unserer Erfahrung eine der ersten Aufgaben, das Heft aufzuräumen! In der Regel hat sich seit dem letzten Relaunch eine Menge Durcheinander ergeben. Neue Rubriken wurden geschaffen, Icons erfunden, grafische Notlösungen sind zur Regel geworden, die Artikelanordnung im Heft hat durch Umstellungen ein durchschaubares dramaturgisches Prinzip verloren – all das gilt es bei einem Relaunch auszumisten. Spannung und Kontrast: Wer nur auf Lesbarkeit und Übersichtlichkeit achtet, wird eine hervorragende Bedienungsanleitung oder einen guten Beipackzettel gestalten – aber keine interessante Zeitschrift. Zu den zwei Kriterien muss deshalb ein drittes hinzutreten: Spannung. Sie entsteht durch Kontraste. Das fängt bei der Schrift an. In der Regel wird man zwei Schriften kombinieren, die sich nicht zu nahe stehen, also einen gewissen Kontrast bilden. Ähnliches gilt für den Bildeinsatz. Auch inhaltlich lässt sich die Regel anwenden. Der Leser sollte in jeder Ausgabe etwas Spannendes, Unerwartetes finden – sonst langweilt er sich.

Andererseits greifen die meisten Menschen nicht nach einem Magazin, das ihnen nur Überraschendes und Ungewöhnliches bietet, denn dann fehlt dem Leser der Anknüpfungspunkt. Er möchte auch auf Bekanntes stoßen. Je nach Charakter der Zeitschrift und ihrer Leserschaft schwankt der Anteil des Erwartbaren und Bekannten in einer Zeitschrift zwischen einem Drittel und zwei Dritteln. Was für die Gestaltung gilt, sollte ebenso den Inhalt bestimmen. Leser, die nur überraschende, ungewöhnliche, exotische Themen in einer Zeitschrift finden, fühlen sich alsbald überfordert. Wer hingegen nur das hundert Mal gelesen aus der immergleichen Perspektive bietet, bringt den Leser zum Gähnen. „Wir setzen ausschließlich auf das Bewährte", ist kein überzeugendes Konzept für eine gute Zeitschrift. Eine geeignete Mischung für jedes Heft hinzubekommen ist die Kunst einer guten Zeitschriftengestaltung und einer engagierten Zeitschriftenredaktion.

Struktur und Übersichtlichkeit sowie Spannung und Kontrast spielen auch eine große Rolle bei der Zeitschriftendramaturgie. Sie bezeichnet die Abfolge der Artikel in einer Zeitschrift. Eberhard Wolf und Peter Brielmaier haben in ihrem Buch „Zeitungs- und Zeitschriftenlayout" drei prototypische Modelle für eine mögliche Zeitschriftendramaturgie entworfen.

Streckenmodell

Das erste Modell wird von Wolf und Brielmaier als Streckenmodell bezeichnet. Alle Artikel sind dabei visuell und journalistisch gleichwertig. Die Redaktion traut sich nicht, einzelne Beiträge als wichtigere herauszuheben. Der Leser wird mehr oder weniger sich selbst überlassen. Man findet einen solchen Aufbau klassischerweise bei wissenschaftlichen Zeitschriften. Leider sind auch noch viele Fachmagazine nach diesem Muster aufgebaut – ein Umstand, den es bei einem Relaunch sofort zu ändern gilt. Zeitschriften, die sich heute noch am Streckenmodell orientieren, präsentieren sich als mutwillige Journalismusverweigerer. Alle Studien zu diesem Thema belegen, dass die Leser Orientierung wollen. Das heißt nicht, dass alle den großzügig aufbereiteten Aufmacher lesen und den kleinen Einseiter verschmähen. Es stört den Leser nicht, wenn er die Einschätzung der Wichtigkeit von einzelnen Artikeln nicht mit der Redaktion teilt – es stört ihn aber sehr wohl, wenn er überhaupt keine Einschätzung erhält.

Die Möglichkeiten, durch Gestaltung Artikel herauszuheben, sind übrigens in Zeitschriften und Zeitungen sehr viel größer als im Internet. Dabei handelt es sich um eine der wichtigen Stärken der Printmedien gegenüber dem Internet, die es zu nutzen gilt. Am orientierungslosesten ist ein User im Internet auf Fachportalen, bei denen die einkommenden Meldungen einfach hintereinander eingespeist werden. So etwas erinnert an die Zeitungen aus dem 17. Jahrhundert, die oft „Einkommende Nachrichten" hießen, weil alle neuen Berichte aus drucktechnischen Gründen im einheitlichen Stil hintereinander gesetzt wurden. Typisch ist ein solches Vorgehen heute bei Blogs, was bei vielen Usern das Gefühl von einem Information-Overkill hervorruft. In einem Blog kann der Leser nicht entscheiden, ob der Autor einen Eintrag für wichtiger hält als einen anderen, ob er etwas hervorheben möchte oder nicht. Nachrichtenseiten wie die HUFFINGTON POST aus den

Zeitschriftenrelaunch

USA sind deshalb, obgleich sie aus der Blogtradition stammen, von dieser einheitlichen Gestaltung abgekommen.

Selbst wissenschaftliche Fachzeitschriften haben sich vom Streckenmodell gelöst. Die „DEUTSCHE LEBENSMITTEL-RUNDSCHAU" (DLR) sah vorher durchgehend so aus:

vorher

Nach einem Relaunch gibt es einen klar herausgehobenen Aufmacher. Da 4c-Druck heute keinen überwältigenden Kostenfaktor mehr darstellt, hat man zugleich auf den Einsatz von Farbe gesetzt. Ein Vorspann gibt dem Leser zusätzlich Orientierung und erlaubt ihm, den Inhalt des Artikels in wenigen Sekunden einzuschätzen:

Zeitschriftenrelaunch

nachher

nachher

Mantelmodell

Ein mögliches Modell für eine spannungsreiche Zeitschriftendramaturgie ist das Mantelmodell. Es eignet sich besonders gut für Fachzeitschriften und für Special-Interest-Titel. Dabei wird eine Titelgeschichte eingerahmt von einem allgemeinen Teil vorne und einem spezielleren Teil hinten, in dem jeweils kürzere Geschichten von vielleicht ein, zwei oder drei Seiten ihren Platz finden. Der vordere und hintere Mantel wird mit Magazinelementen bestückt, das heißt mit Kleinteiligem, zum Beispiel kurzen, schnell zu lesenden Meldungen, Kurzkommentaren und Leserbriefen.

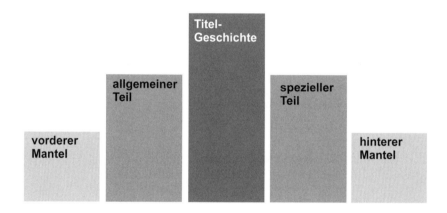

Wellenmodell

Ein drittes Modell nennen die beiden Layouter Wellenmodell. Es bietet sich dann an, wenn es mehrere Aufmacherartikel vor allem in einem multithematischen Heft gibt. Häufig wird diese Dramaturgie bei Nachrichtenmagazinen wie der SPIEGEL und bei Illustrierten wie dem STERN eingesetzt.

Nach einem vorderen Mantel, im SPIEGEL sind das die Hausmitteilungen, das Inhaltsverzeichnis und die Leserbriefe, kommt der erste Aufmacher, gefolgt von kürzeren Artikeln. Daran schließt sich ein Magazinteil mit Kleinteiligem an. Es folgt ein zweiter Aufmacher aus einem anderen Ressort, danach wieder kleinere Geschichten und so weiter. Nachrichtenmagazine imitieren so die Buchstruktur einer Tageszeitung. Einer der Aufmacher wird die Titelgeschichte sein, die nochmals umfangreicher präsentiert wird.

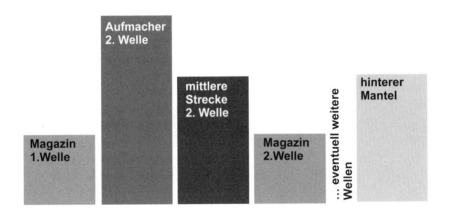

Bugmodell

Wir würden diese Modelle von Wolf und Brielmeier um eine modifizierte Version ergänzen, um sie noch besser den Bedürfnissen von Fachzeitschriften und Special-Interest-Titeln anzupassen. Im Bugmodell folgt auf den allgemeinen Teil (Editorial, Inhaltsverzeichnis) und dem Magazinteil sogleich die Titelgeschichte, die sich durch eine großzügige Aufmachung auszeichnet. Sie umfasst mindestens vier bis fünf Seiten. Die Titelgeschichte kann bis zu zehn Seiten lang werden, in Ausnahmefällen noch länger, vorausgesetzt, sie ist üppig illustriert und durch Info-Kästen, Grafiken und kleinere Elemente ergänzt. Nach der Titelgeschichte folgen mehrere kürzere Beiträge, von wechselnder Länge zwischen einer und drei bis vier Seiten. Diese Strecke wird gegebenenfalls unterbrochen durch einen weiteren Magazinteil, zum Beispiel mit Produktmeldungen, wie sie in vielen Fachzeitschriften und Special-Interest-Blättern üblich sind. Gegen Ende findet sich noch Platz für einen längeren, schön bebilderten Beitrag. Dann schließen die Vorschau und ein Rausschmeißer (zum Beispiel eine Glosse oder ein „Was wurde aus") das Heft ab.

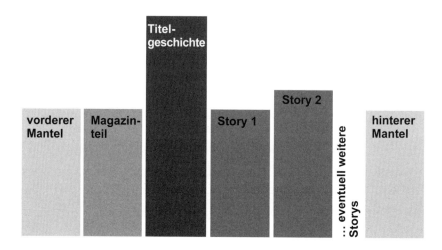

7.1 Titelseite

Die Neugestaltung der Titelseite ist eine der schwierigsten Aufgaben beim Relaunch einer Zeitschrift. Die Zeitschrift muss nämlich zum einen für den Leser auch nach der Neugestaltung wiedererkennbar bleiben – außer bei einer radikalen (und gefährlichen) Repositionierung. Zum anderen muss deutlich werden, dass sich etwas getan hat. Eine Neugestaltung kann sich mehr in die eine, mehr in die andere Richtung bewegen. Oftmals wird der Grafiker zunächst zwei oder sogar drei Varianten entwickeln. Eine sollte sich eher an das Bestehende anlehnen, eine andere wird weiter gehende Veränderungen aufweisen.

Bei wissenschaftlichen Zeitschriften reicht es oft, die Lesbarkeit und Übersichtlichkeit zu erhöhen. Hier nochmals das Beispiel der DEUTSCHEN LEBENSMITTEL-RUNDSCHAU mit der Titelseite vor und nach dem Relaunch:

vorher nachher

Beim Relaunch wurde der Titelkopf radikal umgestaltet. Das ist eher selten, denn ein Zeitschriftenkopf steht für die Marke, weshalb Zeitschriftengestalter sehr zurückhaltend sind mit radikalen Veränderungen. Dennoch lässt es sich in diesem Fall gut begründen, denn „DEUTSCHE LEBENSMITTEL-RUNDSCHAU" ist ein sehr sperriger Schriftzug. Die Zeitschrift dürfte in der Branche ohnehin als DLR bekannt gewesen sein. Der neue Titelkopf erlaubt auch optisch den Einsatz als Marke und könnte für weitere Medienprodukte, sogar für Kongresse und Tagungen genutzt werden.

Den Titel auf ein Kürzel oder ein Akronym zu verkürzen, kann eine Lösung sein, um altertümliche Zeitschriftennamen, wie sie in der wissenschaftlichen Publizistik noch vorkommen, zu umgehen. Ein Beispiel aus einem anderen Bereich: Der Sozialverband VdK tritt heute nur noch mit seinem Kürzel auf. Er wurde 1950 als „Verband der Kriegsbeschädigten, Kriegshinterbliebenen und Sozialrentner Deutschlands e. V." gegründet, was ausgeschrieben heute die Aufgaben des Verbandes nur unzureichend beschriebe. Das Kürzel blieb, seine Bedeutung versank.

Generell sollte ein Relaunch genutzt werden, um den Titelkopf zu modernisieren. Dabei kann der Gestalter zum Beispiel an den Ober- und Unterlängen der Buchstaben arbeiten. Er wird auf die Größe und die Größenverhältnisse der Buchstaben achten, die Dickte, die Punzen, die Breite der Stege, die Serifen und vieles mehr berücksichtigen. Oft lässt sich durch leichte Veränderungen der Eindruck eines moderneren Auftritts erzielen, ohne die Wiedererkennbarkeit zu gefährden.

vorher

nachher

Bei der LEBENSMITTEL-RUNDSCHAU wird In vier knappen Stichworten zudem der Themenbereich umrissen. Das klare Rot, das in deutlichem Kontrast zu dem gesättigten Gelb steht (siehe Farbwiedergabe auf S. 104) macht die Zeitschrift deutlich markanter als zuvor mit dem helleren Gelb, das zudem noch ganz blass die Umrisse von Lebensmitteln zeigte. Die Schrift mit der Inhaltsübersicht ließ sich kaum lesen.

Nach dem Relaunch kann der Leser auf einen Blick die wichtigsten Themen erfassen. Das Titelthema ist klar hervorgehoben. Es wird eine Hierarchisierung des Inhalts durch die Redaktion deutlich. Der Relaunch zeigt, dass man auch mit einem rein typographischen Titelblatt eine attraktive Gestaltung erreichen kann.

Bei den Titelseiten für Zeitschriften, die am Kiosk verkauft werden, gibt es einige Regeln zu beachten.

1. Die Schuppung berücksichtigen
Falls es sich nicht gerade um den STERN, GEO oder VOGUE handelt, werden Special-Interest-Titel im Regal der Zeitschriftenhändler wie Schuppen der Fischhaut übereinander gelegt. Man spricht deshalb von Schuppung. Das bedeutet, die Käufer sehen oft nur einen ein bis zwei Zentimeter breiten linken Streifen der Zeitschrift. Viele Titel wiederholen deshalb den Zeitschriftennamen vertikal, wie hier bei der Aquarienzeitschrift DATZ:

Damit der Leser auch bei geschuppten Zeitschriften etwas über den Inhalt erfährt, werden die Titelzeilen an der linken Seite angeordnet. Hier sieht man die Umstellung nach dem Relaunch bei der DATZ. Weil der Verlag Wert darauf legte, sein Logo gemäß dem CI aller anderen Titel aus dem Hause unten links anzubringen, befindet sich die Hauptzeile in diesem Falle allerdings rechts.

Zeitschriftenrelaunch

vorher   nachher

Bei Zeitungen gibt es übrigens auch eine Art Schuppung. Sie werden in Zeitungsständern übereinander eingeklemmt. Eine Anreißerleiste wie bei der TAZ erlaubt den Lesern zumindest einen Einblick in die attraktivsten Themen im Blatt.

2. *Titelzeilen und Titelseitengestaltung*
Was und wie viel auf einer Zeitschriften-Titelseite zu finden ist, hängt von der Art der Zeitschrift ab. Besonders viele Themen werden von Yellow-Press-Titeln, von niedrigpreisigen Frauentiteln und von Computerzeitschriften auf der Titelseite angekündigt. Computerzeitschriften neigen zudem zu sehr stark typographischen Elementen, das Bild ist eher klein. Generell gilt die Regel: Je hochwertiger sich eine Zeitschrift präsentieren will, desto zurückhaltender gibt sich die Titelseite. Bei edlen Magazinen werden weniger Themen weniger schrill angekündigt. Ein Magazin wie BRAND EINS, das sich im oberen Segment der Wirtschaftspresse sieht, hat nur ein einziges Thema auf der Titelseite, das in pfiffiger und anspruchsvoller Gestaltung präsentiert wird. Damit wird dem Leser signalisiert: „Du kaufst ein designbewusstes Produkt. Du kannst es dir leisten, dafür acht oder neun Euro auf den Tisch zu legen."

Niedrigpreisige Hefte versuchen hingegen dem Leser das Gegenteil zu suggerieren: „Hier ist viel drin. Für 50 Cent bekommst du eine Menge Inhalt." Bei einer Repositionierung, zum Beispiel zu einem hochwertigeren Objekt, kann es also sinnvoll sein, die Zahl der angerissenen Themen auf der Titelseite zu reduzieren und sich ganz auf eine Titelgeschichte zu konzentrieren.

Wir haben vor einiger Zeit die Kunstzeitschrift WELTKUNST beim Relaunch begleitet, die damals schon am Kiosk verkauft wurde (in der Zwischenzeit wurde das Blatt vom Zeit-Verlag übernommen und erneut überarbeitet). Damals verkaufte der Verlag noch die Titelseite als Anzeige. Natürlich handelt es sich dabei um einen sehr attraktiven Anzeigenplatz, der dem Verlag entsprechenden Umsatz einbringt. Bei Fachzeitschriften ist es in der Tat möglich, für ein solches Vorgehen eine gute grafische Lösung zu finden. So haben wir beim Relaunch des Fachtitels SI INFORMATIONEN, einem Magazin für die Sanitärbranche, den Anzeigenplatz auf der Titelseite beibehalten und die übrigen Elemente sogar noch etwas zurückhaltender gestaltet:

Zeitschriftenrelaunch

vorher  nachher

Bei der WELTKUNST hingegen, einem Magazin, das auch am Kiosk präsent ist, hat die Anzeige auf der ersten Seite erhebliche Probleme aufgeworfen. Zwar war das Motiv der Anzeige stets ein Kunstwerk, es handelt sich schließlich um ein Fachblatt für Kunsthändler. Allerdings schwankte die fotografische Qualität erheblich. Außerdem erschlug die Dominanz des abgebildeten Kunstwerkes die angekündigten Themen des Heftes. Der Verlag hat sich deshalb mutig entschlossen, den Anzeigenplatz auf der Titelseite aufzugeben. Dadurch gewann die Zeitschrift an journalistischen Möglichkeiten und an Profil.

3. Foto oder Grafik auf der Titelseite
Beim Relaunch müssen die Ressourcen der Zeitschrift für ein gutes Foto auf der Titelseite berücksichtigt werden. Es bietet sich deshalb an, das Cover der Relaunch-Entwürfe mit Fotomaterial zu gestalten, das schon einmal für ein Cover verwendet wurde. Ausnahme: Die Redaktion erhält nach dem Relaunch mehr Geld und Möglichkeiten, gute Fotos einzusetzen – was übrigens eine lohnende Investition wäre.

Blickverlaufsuntersuchungen zeigen, dass Gesichter auf der Titelseite den Käufer besonders ansprechen. Die Abgebildeten sollten den Betrachter lächelnd oder lachend anblicken. Frauen reagieren etwas stärker auf Gesichter als Männer, weshalb klassische Frauenzeitschriften stets ein Gesicht auf dem Titel ziert. Männer fühlen sich deutlich mehr als Frauen zu technischem Gerät hingezogen, zum Beispiel Autos, Handys oder Computer. Selbstverständlich hängt die Wahl des Titelfotos und die Art, wie es von der Gestaltung der Zeitschrift dem Leser präsentiert wird, vom Schwerpunkt der Zeitschrift ab. Man kann durch ein neues Titelbildkonzept die Positionierung der Marke unterstützen. Die deutsche Ausgabe der TECHNOLOGY REVIEW setzte eine Zeitlang auf betuliche Illustrationen, die im Widerspruch zum Anspruch, ein Magazin für Innovation zu sein, standen. Hinzu kommt im hier vorgestellten Beispiel, der Ausgabe vom April 2007, das umständliche und nicht auf Anhieb verständliche Wortspiel der Titelzeile „Völlig überfördert". Nach dem Relaunch setzt der Verlag nun auf etwas unterkühlte, technische Fotos und Zeichnungen – diesmal im Einklang mit dem Selbstverständnis als Innovations- und Technologiemagazin. Die pointierte Titelzeile „Die sauberste Stadt der Welt" spricht den Käufer durch den Superlativ zudem deutlich mehr an.

vorher

nachher

4. Unvermeidliches gut unterbringen
Bestimmte Elemente auf der Titelseite einer Zeitschrift bringen die Gestalter oft ins Schwitzen. Als besonders lästig erweist sich aus ästhetischer Sicht der Barcode. Da er von der Scannerkasse fehlerfrei gelesen werden soll, muss er in einer bestimmten Mindestgröße auf weißem Hintergrund stehen. Somit stellt er fast immer ein gestalterisches Hindernis dar, für das es keine Patentlösung gibt. Deutlich, aber nicht überdeutlich sollten Ausgabe, Nummer, Preis und weitere Angaben eingefügt werden. Redaktion und Vertrieb müssen sich überlegen, ob die Leser einer Zeitschrift sich eher an der Nummer oder am Monatsnamen orientieren, ob also „Februar 2010" oder „2/2010" die bessere Lösung für die Zielgruppe ist. Kioskzeitschriften orientieren die Käufer meist besser mit der Monatsangabe, selbst wenn sie schon Mitte des Vormonats erhältlich sind.

Zeitschriften sollten immer einen Untertitel haben, der kurz beschreibt, für was das Magazin steht. Gab es vor dem Relaunch noch keinen Untertitel, sollte er zum Relaunch eingeführt werden. Die SI INFORMATIONEN erhielten zum Beispiel die Beschreibung „Das Magazin für Unternehmer der SHK-Branche". Die DATZ bekam die Bestimmung „Die Aquarien- und Terrarienzeitschrift".

vorher

nachher

Der Untertitel hilft dem Erstleser, auf Anhieb zu erkennen, wie das Magazin sich selbst sieht und ob diese Selbstbeschreibung zu dem passt, was er sucht. Die Diskussion um den richtigen Untertitel im Relaunchworkshop regt in der Redaktion oft eine Auseinandersetzung um das Selbstverständnis an.

Weniger prominent kann bei einem Relaunch hingegen der Hinweis auf die Website der Zeitschrift platziert werden. Diese Hinweise stammen aus den 90er-Jahren, als Webauftritte noch als etwas Besonderes galten. Heute darf der Leser erstens zu Recht erwarten, dass eine Zeitschrift über einen Webauftritt verfügt. Zweitens will die Redaktion ja ihr Heft und nicht ihre Internetseite anpreisen.

Bei der Neugestaltung von Zeitschriften, die einen großen Teil über Abonnements verkaufen, sollte bei der Neugestaltung bedacht werden, dass in einigen Fällen Adressaufkleber verwendet werden. Dort, wo diese angebracht werden sollen, darf die Gestaltung keine wesentlichen Elemente vorsehen. Ähnliches gilt für jene Art von Kundenmagazinen, die als Branchenmagazine bezeichnet werden, wie zum Beispiel die NEUE APOTHEKEN ILLUSTRIERTE oder die Zeitschriftschrift SCHROT & KORN, die in Bio-Märken ausliegt.

Zeitschriftenrelaunch

vorher   nachher

7.2 Editorial

Inzwischen hat sich ein Editorial auf der Seite 3 einer Zeitschrift zum Standard entwickelt. Das Editorial ist eine Unterform des Kommentars. Es sollte klar und pointiert ins Heft einführen – aber als Kommentar, nicht als Inhaltsverzeichnis in Prosaform. Dazu muss der Autor eine These aufstellen und sie mit einem oder mehreren Artikeln in der Zeitschrift in Verbindung bringen.

Die Gestaltung sollte einer Zeitschrift, die über mehr als ca. 24 Seiten verfügt, in der Tat die ganze oder nahezu die ganze Seite drei gönnen. Es irgendwo hineinzuquetschen, entwertet diese journalistische Form, die ja eine Begrüßung der Leser darstellt. Gestalterisch sollte ihm also Raum gegeben werden und es sollte einladend wirken. Bei den SI INFORMATIONEN haben wir den Zeilenabstand deutlich vergrößert. Der Autor wird mit einem größeren Bild vorgestellt. Die persönliche Note wird dadurch unterstrichen, dass die Ansprache des Lesers ebenfalls in Schreibschrift ist. Es handelt sich übrigens um die eingescannte Schrift des Autors.

Zeitschriftenrelaunch

Editorials haben in den letzten Jahren einen persönlicheren Anstrich bekommen, das heißt, sie sind jetzt personalisiert. Es grüßt nicht mehr anonym „Ihre Redaktion", sondern der Chefredakteur oder ein anderer Redakteur, am besten mit Bild und Unterschrift. Entsprechend persönlich sollte das Editorial im Ton gehalten werden. Personalisierung, eine persönlichere Bindung zwischen der Redaktion und ihren Lesern, ist ein wesentliches Element eines modernen Mediums. Das liegt nicht zuletzt daran, dass die „Generation Internet" sich Informationen am liebsten von Freunden in so genannten (virtuellen) sozialen Netzwerken wie StudiVZ und Facebook empfehlen lässt. Ein persönlich gehaltenes Editorial ist ein bescheidener Versuch, sich diesem Informationsverhalten anzunähern.

7.3 Inhaltsverzeichnis

Das Inhaltsverzeichnis stellt die vermutlich schwierigste Aufgabe für einen Zeitschriftendesigner dar. Es muss ihm gelingen, eine ansprechende Optik mit größtmöglicher Übersichtlichkeit zu verbinden. Der Leser muss sich rasch und mühelos einen Überblick über den Inhalt des Heftes verschaffen können. Dafür benötigt das Inhaltsverzeichnis zunächst einmal Platz. Eine

Zeitschrift ab 48 Seiten Umfang sollte sich für das Inhaltsverzeichnis zwei Seiten gönnen. Am besten ist natürlich eine Doppelseite, zum Beispiel die Seiten vier und fünf. In einigen Fällen werden die vorderen rechten Seiten von der Anzeigenabteilung besonders gern verkauft, weil sie bei den Anzeigenkunden überdurchschnittlich beliebt sind. Dann kann das Inhaltsverzeichnis auch auf den Seiten vier und sechs erscheinen. Der Übersichtlichkeit für den Leser dient es allerdings nicht, wenn es auf diese Weise auseinander gerissen wird.

Es ist schwierig, für das Inhaltsverzeichnis allgemeine Regeln aufzustellen. Gestalter werden am Inhaltsverzeichnis vergleichsweise lange verschiedene Lösungen ausprobieren. Als Anhaltspunkte für die Beurteilung der Entwürfe mögen folgende Fragen helfen:

- Entspricht die Gestaltung des Inhaltsverzeichnisses dem Charakter der Zeitschrift? Die Bravo- und Yellowpress-Titel neigen zu wilden, beinahe chaotischen Darstellungen, ein teures Wirtschaftsmagazin sollte eher ruhig, gediegen und übersichtlicht daherkommen.
- Findet man auf Anhieb die interessanten Geschichten? Es empfiehlt sich, nicht nur die Überschriften der Artikel aufzuführen, sondern auch ein oder zwei Zeilen für einen Mini-Anreißer bereitzustellen, so dass der Leser versteht, um was es in dem Artikel geht.
- Sind die Bilder mühelos den dazu gehörigen Artikeln zuzuordnen? Nicht immer wird sich diese Forderungen ohne Einschränkungen verwirklichen lassen, aber das Layout sollte sich darum bemühen.
- Sind die Seitenzahlen klar und eindeutig zuzuordnen? Wen ein Artikel interessiert, sollte keine Mühe haben, ihn zu finden.

In der Regel werden die Artikel, die mit Foto vorgestellt werden, im eigentlichen Verzeichnis nochmals aufgeführt. Man kann die Beiträge entweder thematisch ordnen oder durchlaufend nach Seitenzahlen.

Eine heftig diskutierte Frage lautet, ob die Überschriften der Artikel auf der Titelseite, im Inhaltsverzeichnis und im Heft gleich lauten sollten. Dazu gibt es unterschiedliche Auffassungen: Die einen halten das für unabdingbar, damit der Leser die Artikel sogleich wieder erkennt. Die anderen sind der Meinung, Abwechslung beim Titel sei für den Leser interessanter und

Zeitschriftenrelaunch

erlaube den Redakteuren, flexibler zu sein. Wir empfehlen einen Mittelweg. Die Titel müssen nicht wortgleich sein. Aber sie sollten sich soweit ähneln, dass der Leser erkennt, dass sie zum gleichen Artikel gehören. Das ist schon deshalb nahe liegend, weil die Überschrift den Küchenzuruf wiedergibt – und davon darf es pro Artikel nur einen geben.

vorher

nachher

Zeitschriftenrelaunch

vorher

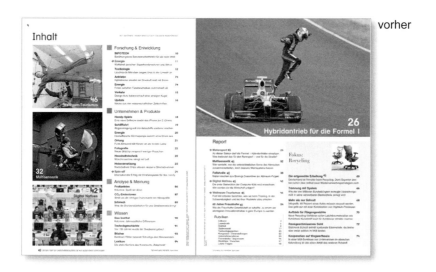

nachher

Viele Zeitschriften nutzen ein Farbleitsystem. Und viele übertreiben es damit, zum Beispiel wer mit neun verschiedenen Farben arbeitet oder bei 24 Seiten Umfang auf ein Farbleitsystem setzt. Das Farbleitsystem sollte dem Leser einen Anhaltspunkt geben, in welcher Sektion innerhalb der Zeitschrift er sich befindet. Wenige, klar voneinander unterschiedene Farben sind deshalb notwendig. Dann können diese Farben auch im Innenteil als Auszeichnungsfarben für Überschriften, als Unterlegungen für Infokästen oder für andere Gestaltungselemente genutzt werden.

7.4 Magazin-Teil

Folgt man dem klassischen Zeitschriftenaufbau, schließt sich an das Inhaltsverzeichnis ein Magazinteil an. Dabei handelt es sich um Meldungen und andere kurze Texte, die einen Einstieg in die Lektüre der Zeitschrift erlauben, ohne dass sich der Leser sofort an einen langen Artikel wagen muss. Der Magazinteil kann sich je nach Umfang des Heftes über mehrere Seiten erstrecken. Zwei Seiten sollten jedoch in der Regel das Minimum sein.

Die sehr erfolgreiche Zeitschrift NEON fängt ihren Magazinteil stets mit „Nur eine Frage" an. Dabei äußern sich junge Menschen zu ganz einfachen Fragen aus dem Alltag, zum Beispiel „Worüber lachst du?". Die Menschen sind im Foto zu sehen. Ihre Antworten werden ergänzt durch kurze Bemerkungen anderer Leser, die die gleiche Frage im Internet beantwortet haben. NEON ist es damit gelungen, zwei Fliegen mit einer Klappe zu schlagen: Zum einen werden die Leser (und User) einbezogen, zum anderen tauchen gleich am Anfang Menschen auf, mit denen sich die Leser identifizieren können. In einem solchen Fall kann sogar eine gestalterische Grundregel gebrochen werden. Die Fotos sind nämlich alle gleich groß. Generell sollte hingegen im Magazinteil darauf geachtet werden, dass die Meldungen und Kurztexte von unterschiedlicher Länge sind. So entsteht für den Leser auch innerhalb des Magazinteils eine Hierarchie und Ordnung. Das ist der Grund, warum sich in Fachzeitschriften Produktmeldungen an dieser Stelle selten eignen. In vielen Fällen bestehen Anzeigenabteilung oder Verlag nämlich darauf, dass Produktmeldungen alle gleich groß sind. Zu empfehlen ist eine solche Regel übrigens nicht.
Im vorderen Magazin-Teil findet sich Platz für Rubriken wie: „Drei Fragen an …", „Auf ein Wort", „Die Zahl des Monats", Personalien und Ähnliches. Wenn es die Art der Zeitschrift erlaubt, bietet es sich an, in diesem Teil eher leichtere Themen zu platzieren. So fällt dem Leser der Einstieg in die Lektüre nicht so schwer.

Zeitschriftenrelaunch

vorher

nachher

vorher

nachher

Zeitschriftenrelaunch

vorher

nachher

vorher

nachher

Für die Magazinseiten wird der Grafiker eine begrenzte Anzahl von Elementen entwickeln. Man sollte die Zahl unterschiedlicher gestalterischer Elemente begrenzen. Redakteure stellen sich oft vor, sie benötigten für jedes journalistische Element eine eigene Gestaltung. Besser ist es jedoch, über einige Grundelemente zu verfügen, die man vielfältig einsetzen kann. So reicht es schon aus, ein Element für Infokästen zu haben, das man beispielsweise durch unterschiedliche Reiter für Kurzinterviews, Hintergründe, Kurzbiografien und Ähnliches einsetzen kann.

Bei einigen Publikumszeitschriften leitet nach dem Inhaltsverzeichnis und vor dem Magazin-Teil ein doppelseitiges Bild mit sehr wenig Text den Heftinhalt ein, gelegentlich als „Bild des Monats" oder ähnlich bezeichnet. Dieser opulente Auftakt ist zu empfehlen, falls die Redaktion sicherstellen kann, jeden Monat ein Foto entsprechender Qualität zur Verfügung zu haben. Man kann das doppelseitige Bild zum Beispiel mit Terminhinweisen verbinden, wie es etwa bei MEN'S HEALTH üblich ist. Die Kundenzeitschrift NEUE APOTHEKEN ILLUSTRIERTE hat sich nach ihrem Relaunch für ein stimmungsvolles einseitiges Foto als Auftakt entschieden.

7.5 Aufmacherseiten

Aufmacherseiten führen den Leser in längere Geschichten ein. Sobald eine Zeitschrift mehr als 24 Seiten Umfang hat, kann ihre Titelgeschichte mit einem doppelseitigen Aufmacher beginnen. Bei einem Umfang von 48 Seiten und mehr halten wir es für dringend geboten, diese Möglichkeit zu nutzen, um dem Leser durch Opulenz die Bedeutung der eigenen Titelgeschichte deutlich zu machen.

Die oben gemachte Aussage weist noch auf eine weitere Grundregel hin: Die auf der Titelseite groß angekündigte Geschichte muss auch im Heft entsprechend groß präsentiert werden. Wir haben schon Zeitschriften in der Hand gehalten, die auf der Titelseite groß ein Thema angekündigt haben, das im Innenteil auf 40 Zeilen abgehandelt worden ist. Ein solches leeres Versprechen führt unweigerlich zu Enttäuschung und Ärger beim Leser. Die meisten Zeitschriften werden für Artikelaufmacher eine begrenzte Zahl von grafischen Standardlösungen finden, so genannten Templates. Wir haben einige Blätter erlebt, bei denen die Grafiker jeden einzelnen Beitrag eigens gestalten. Das ist nur bei sehr designorientierten Zeitschriften notwendig, die mit originellen Lösungen aufwarten müssen. Selbst bei solchen Magazinen wird oft sogar das Gegenteil gemacht: Die Grafiker arbeiten mit extrem reduzierten Elementen. Dadurch entsteht eine strenge, kühle Eleganz, die an hippe Bars in Berlin, Paris und Tokio erinnert.

In den letzten Jahren hat sich der Trend zu Weißraum durchgesetzt. Weißflächen vermitteln den Eindruck von Aufgeräumtheit, Klarheit und Übersichtlichkeit. Sie sind zudem ein Kontrast zur Schwarzfläche des Textes und zur Farbfläche des Bildes – und Kontraste sind das wichtigste Instrument guter Gestaltung. An den folgenden Beispielen kann man sehen, wie der Weißraum vor und nach dem Relaunch zugenommen hat und wie er bewusster eingesetzt wird.

vorher

Zeitschriftenrelaunch

nachher

vorher

Zeitschriftenrelaunch

nachher

Hinter dem Abschied von überladenen Seiten durch mehr Weißraum steht eine alte Designerregel, die auch an anderen Stellen Bedeutung bekommt: Weniger ist mehr.

Das gilt zum Beispiel für die Anzahl der Fotos und Bilder. Es ist besser, auf wenige gute und großzügig platzierte Fotos zu setzen als auf viele kleine, fingernagelgroße Aufnahmen. Das gilt natürlich besonders für die Aufmacherseiten. Die Redakteure einer Zeitschrift müssen verstehen lernen, dass Text und Bild bei der Magazingestaltung mindestens gleichwertig sind. Bei Tageszeitungen haben die Fotos in der Regel dokumentarischen Charakter. Bei einer Zeitschrift sind sie in vielen Fällen symbolisch, in jedem Falle aber Teil der Gestaltung.

Die Überlegung: „Ich will noch 20 Zeilen mehr schreiben, das schneiden wir vom Bild weg", muss verboten werden. Zeitschriftenredakteure sollten zudem bei jedem Themenvorschlag in der Redaktionskonferenz bedenken, wie der Artikel illustriert werden kann. Sobald ein Artikel beschlossen worden ist und der Küchenzuruf feststeht, müssen Fotografen und Bildredakteure eingewiesen werden.

„Weniger ist mehr" gilt ebenso für den Vorspann. Der häufigste Fehler: Er ist zu lang. Damit erfüllt er seine Funktion nicht mehr, dem Leser einen schnellen Überblick zu geben und ihn zur Lektüre zu verlocken. Ein Vorspann sollte nicht länger als drei (seitenbreite) Zeilen sein, also höchstens 350 Zeichen. Etwa so lang wie dieser Absatz.

Bei einem doppelseitigen Aufmacher gibt es grundsätzlich zwei Möglichkeiten: Entweder man platziert auf der einen Seite (das kann sowohl rechts als auch links sein), ein großes, ganzseitiges Foto und auf der anderen Seite Überschrift, Vorspann, Autorenzeile und den Beginn des Fließtextes. Oder man zieht das Foto (falls drucktechnisch möglich) über beide Seiten und platziert darauf Überschrift, Vorspann und den Anfang des Fließtextes, Dann sollte darauf geachtet werden, dass der Fließtext nicht allzu lang ist. Darüber hinaus kann es natürlich Varianten dieser beiden Möglichkeiten geben, zum Beispiel indem das Foto über beide Seiten gezogen wird, rechts aber eine Spalte für den Fließtext frei bleibt.

Einige Zeitschriften haben sich bei den Überschriften für ein besonders Gestaltungselement entschieden. Es handelt sich offenbar um einen Design-Trend. Ob er ästhetisch ansprechend ist, muss jeder selbst entscheiden. Journalistisch lässt sich die Fettung meistens nicht begründen. Hier ein Beispiel aus der NEUEN APOTHEKEN ILLUSTRIERTEN:

Der Leser erwartet, dass die gefetteten Worte aus irgendeinem Grund besonders hervorgehoben werden sollen. Häufig ist es aber so, dass die Redakteure oder Grafiker irgendein Wort fetten. Sollte man sich für dieses Konzept entscheiden, dann muss man bei der Formulierung der Überschrift Sorgfalt walten lassen und sinnvoll fetten. Im Alltag ist es allerdings schwierig genug, alle inhaltlichen Anforderungen an eine gute Überschrift zu erfüllen. Wir raten deshalb von diesem Gestaltungselement ab, zumal es – wie oft bei solchen Trends – in wenigen Jahren vermutlich als unmodern wahrgenommen werden wird.

Heft im Heft

Einige Zeitschriften bieten ein „Heft im Heft". Das bedeutet, innerhalb einer Zeitschrift werden einige Seiten wie eine eigene Zeitschrift gestaltet. Dabei kann es sich in der Tat um eine eigene Publikation handeln, wie bei ALVERDE, der Kundenzeitschrift der Drogeriekette dm, der A TEMPO beigeheftet ist. In anderen Fällen gliedert die Redaktion bestimmte Inhalte, etwa Service und Nutzwert, in das „Heft im Heft" aus. Wer ein solches Element einführen will, muss im Relaunchworkshop ein klares Konzept für die Inhalte erarbeiten. Mehr als ein „Heft im Heft" ist übrigens nicht zu empfehlen.

Das „Heft im Heft" wird stets mit einer eigenen Titelseite eingeleitet, die ganz ähnlich funktioniert wie die normale Titelseite auch, außer natürlich, dass sie keine Kioskkäufer anlocken muss. Es können ein eigenes Editorial und Inhaltsverzeichnis folgen, vor allem dann, wenn diese eingeheftete Zeitschrift zusätzlich einzeln vertrieben wird. In die DATZ ist zum Beispiel die Aquarien-Praxis integriert, die jedoch auch als Kundenmagazin von Aquarienfachhändlern genutzt wird. Die AQUARIEN-PRAXIS widmet sich, im Gegensatz zur fachlicheren DATZ, verstärkt Einsteigerthemen.

vorher

nachher

vorher   nachher

7.6 Fließtext und Folgeseiten

Der Fließtext wird durch verschiedene Elemente bestimmt, die hier kurz vorgestellt werden. Sie alle verdienen bei einem Relaunch Beachtung und sollten bei der Erstellung der Templates berücksichtigt werden.

Schriften

Wesentliches zum Thema Schriften wurde bereits im Kapitel Zeitungsrelaunch gesagt. Die Grundregeln bei der Schriftenwahl gelten für die Zeitschrift nicht minder. Grundsätzlich neigt man zu einer Serifenschrift für den Fließtext, während die Auszeichnungsschrift oft serifenlos ist. Der Zeitschriften- und Zeitungsdesigner Roger Black schreibt als Regel (die man auch brechen kann, wenn es gute Gründe dafür gibt): „Benutze nur ein oder zwei Schriften. Nimm dir italienisches Design zum Vorbild: ein klares Konzept mit wenigen Elementen, die zusammenpassen." Der Auswahl der Schrift sollte einige Sorgfalt zukommen, und ein guter Editorial Designer wird bei einem Relaunchprojekt mehrere Vorschläge machen. In vielen Fällen lassen sich Schriften finden, die den bisher benutzten ähneln, aber moderner und frischer wirken. Man sollte nicht vergessen, dass das Schriftbild unbewusst den Eindruck des Lesers von seiner Zeitschrift bestimmt.

Größere Zeitschriften sollten erwägen, sich von einem Schriftdesigner eine eigene Schrift zeichnen zu lassen. Sie kann dem Magazin eine individuelle Note geben und lässt sich für alle Produkte der Marke einsetzen, zum Beispiel in einer HMTL-Version im Internet.

Initial

Seit einigen Jahren hat sich der Leser daran gewöhnt, dass Initiale in Zeitschriften den Beginn eines Textes markieren. Sie sind also für den Leser eine Orientierungshilfe und werden vielfach erwartet. Wie die Initiale gestaltet werden, hängt von der Gesamtanmutung ab. Dabei kommt es darauf an, eine Balance zwischen Kontrast und Harmonie zu finden. Im folgenden Fall wurde zum Beispiel das Initial aus seinem einengenden Kasten befreit und vergrößert:

Der Computer brachte dem Menschen so einiges an Arbeitserleichterungen – auf den Bewegungsapparat wirkt er sich aber eher schädlich aus. „Wir sitzen viel zu viel", moniert Eckart Mey-

Auf der Reitanlage Berghausen komme ich bereits bei der Pferdepflege ins Schwitzen. Kaltblut-Stute Ninja hat tellergroße Hufe. Weil sie auf der Koppel war, steckt eine Menge Dreck drin,

Zwischentitel

Zwischentitel spielen eine wichtige Rolle bei der Orientierung des Lesers. Sie gelten als gestalterische Elemente der ersten Leseebene, das heißt, der Leser nimmt sie wahr, bevor er begonnen hat, den eigentlichen Artikel zu lesen. Deshalb ist es hilfreich, wenn sie genug Platz bieten, um sinnvolle Aussagen zu machen. Das bedeutet, bei einem Relaunch eher zweizeilige als einzeilige Zwischentitel einzuplanen.

Zwischentitel werden nach grafischen, nicht unbedingt nach inhaltlichen Gesichtspunkten in einem Artikel platziert. Das sollten vor allem Fachzeitschriften bedenken, die auch wissenschaftliche Artikel abdrucken. Zwischentitel wie „Einleitung", „Hauptteil" und „Danksagung" regen nicht unbedingt zum Lesen an. Hier ist es besser, inhaltliche Zwischentitel zu setzen und die strukturierenden Zwischentitel durch gefettete Einlaufzeilen zu ersetzen.

Quotes (eingeklinkte Zitate)

Eingeklinkte Zitate aus dem Text, in der Regel wörtliche Zitate von im Text erwähnten Personen, dienen der grafischen Auflockerung. Es muss sich aber nicht um Zitate handeln (außer bei Interviews), sondern es können auch markante Aussagen des Artikels sein. Hier ein Beispiel aus der NEUEN APOTHEKEN ILLUSTRIERTEN.

genes Training, Yoga oder progressive Muskelentspannung nach	Patienten gibt es teilweise rezeptfrei sogenannte Triptane.
Kopfschmerzmittel wirken gut, man sollte sie aber nicht länger als drei Tage hintereinander und nicht öfter als zehn Tage pro Monat einnehmen.	
Jacobson zu erlernen. Ein strukturierter geregelter Tagesrhyth-	Für Schmerzmittel und Triptane gilt: Sie dürfen nicht länger als drei

Kästen

Kästen sind ein sehr wichtiges Element für alle Zeitungen und Zeitschriften. Sie sollten deshalb auf jeden Fall eingeplant werden. Oft werden Info-Kästen mit einem Farbfonds hinterlegt, manchmal auch in Grau. Um die Lesbarkeit der (schwarzen) Schrift zu gewährleisten, liegt die Farbintensität bei ungefähr fünf bis sieben Prozent. Eine Möglichkeit, das Gestaltungselement Kasten für verschiedene Inhalte zu benutzen, ist es, ihn jeweils mit einem unterschiedlich benannten Reiter zu versehen.

Um den Kontrast zu vergrößern, kann in einem Kasten eine andere Schrift verwendet werden. Oftmals handelt es sich um die serifenlose Auszeichnungsschrift. Auch wirken die durch die Umrandung begrenzten Info-Kästen lockerer, wenn der Text darin im Flattersatz gesetzt ist. Im Gegensatz dazu lässt sich der Fließtext im Blocksatz besser lesen, weil der Blick des Lesers leichter Anfang und Ende der Zeile erfasst.

Artikellängen

In den 90er Jahren des vorigen Jahrhunderts herrschte bei Zeitungs- und Zeitschriftenmachern die Meinung vor, die Menschen läsen immer weniger. Sie wollten kurze Artikel und kleine Texthäppchen, die sie schnell verschlingen könnten. Das Nachrichtenmagazin FOCUS stand für diesen Trend. Jüngere Untersuchungen zeigen, dass diese Annahme nicht uneingeschränkt gilt. Leser sind sehr wohl bereit, sich mit umfangreichen Texten zu beschäftigen. Diese müssen allerdings gut geschrieben und ansprechend präsentiert sein. Außerdem sollte der Leser über Elemente der ersten Leseebene Einstiegshilfen erhalten und er sollte dank Überschrift und Vorspann sehr schnell erkennen können, warum es sich lohnt, den Artikel zu lesen.

Ein Relaunch sollte nicht darauf abzielen, grundsätzlich längere Artikel aus dem Heft zu verbannen. Das wäre auch aus ökonomischen Gründen nicht hilfreich, da viele kurze Artikel arbeitsaufwändiger sind als ein längerer. Nach unserer Erfahrung gehen durch eine moderne Neugestaltung von Zeitschriften dennoch etwa 15 bis 30 Prozent der gesamten Textmenge pro Ausgabe verloren, weil viele Zeitschriften heute noch immer zu wenig luftig gestaltet sind. Ein größerer Durchschuss, eine etwas größere Schrift und mehr Weißfläche führen zu einem Platzverlust für den Text. An Journalisten stellt diese Veränderung neue Anforderungen. Sie müssen genauer überlegen, welche Themen sie wie aufbereiten. Sie können ja nicht einfach nur zwei, drei Absätze weglassen, sondern müssen Texte präziser auf den Punkt bringen. Sie müssen ihre Artikel planen und überlegen, ob sich bestimmte Fakten nicht besser in Infokästen oder Grafiken darstellen lassen. Darauf sollten sie in Workshops und Seminaren während des Relaunchprozesses vorbereitet werden.

Viele Redakteure äußern in unseren Relaunchworkshops die Befürchtung, dass ein Relaunch ihrer Zeitschrift mit einem Qualitätsverlust einhergehe. Das stimmt nicht. Ein Artikel wird nicht dadurch besser, dass ein Autor ohne Begrenzung drauflos schreiben kann. Eine gute Neugestaltung zwingt die Redakteure im Gegenteil zu besserem Journalismus. In den meisten Fällen ist deshalb die Sorge um die Qualität nichts anderes als ein Ausdruck der eigenen Angst vor Veränderung.

7.7 Rausschmeißer und Vorschau

Eine beträchtliche Zahl von Lesern nähert sich einer Zeitschrift von hinten. Aber auch die Vorwärtsleser sollten nicht das Gefühl haben, das Magazin werde nach hinten zu immer langweiliger. Deshalb plant man bei einem Relaunch am besten einen angemessenen Rausschmeißer auf der letzten Seite ein. Die letzte Seite ist übrigens die linke Seite vor der dritten Umschlagseite, außer bei sehr schmalen Zeitschriften oder bei bestimmten Kundenzeitschriften.

In zahlreichen Zeitschriften findet sich an dieser Stelle eine Vorschau auf das nächste Heft, die den Leser anregen soll, sich gleich schon auf die kommende Ausgabe zu freuen. Hier die Vorschau der Zeitschrift TECHNOLOGY ´REVIEW vor und nach dem Relaunch:

Zeitschriftenrelaunch

vorher

nachher

Man sollte darauf achten, nicht zu viele Themen anzukündigen, um die Flexibilität nicht zu weit einzuschränken. Das nutzwertorientierte Männermagazin MEN'S HEALTH liefert in seiner Vorschau bereits einen Tipp mit. Man kann sich eine solche Lösung mit kleinen „Leseproben" auch für andere Zeitschriften vorstellen.

Als Rausschmeißer eignen sich zum Beispiel Glossen, Karikaturen, ein „Was macht eigentlich ..." und leichte, vermischte Meldungen. Beim Relaunch der Zeitschrift WELTKUNST, einem Magazin für Kunsthändler, haben wir als Rausschmeißer eine Rubrik „Mein Kunst-Stück" eingeführt. Darin hatten Museumsdirektoren ihr liebstes Ausstellungsstück vorgestellt. Diese persönliche Rubrik erwies sich als Erfolg und wurde beliebter Lesestoff. Auf jeden Fall sollte man das Heft nicht gegen Ende ausplätschern lassen, sondern einen deutlichen Schlusspunkt setzen.

Interview mit Adi Kemmer, Leiter des Geschäftsbereichs Aktive Freizeit und Mitglied der Geschäftsleitung der Motor Presse Stuttgart

Woran erkennt man, dass ein Relaunch nötig ist?
Zum einen kann es sein, dass bestimmte Elemente nicht mehr zeitgemäß, modern genug wirken. Zeitschriften unterliegen – wie alles andere auch – bestimmten Trends und Moden; Sehgewohnheiten ändern sich und mit ihnen das Verständnis für Schriften, Farben, Formen, aber auch für Inhalte und Textmengen. Manchmal spürt man aber auch, dass die Homogenität einer Zeitschrift verloren geht, dass die dramaturgische und grafisch-typografische Stringenz fehlt oder die Bildsprache verschwimmt. Auch klare Konzepte werden im alltäglichen Arbeitsprozess im Lauf der Zeit immer diffuser, werden von den Redaktionsteams oft unbemerkt anders interpretiert und müssen also immer wieder nachjustiert werden. Der Leser merkt instinktiv, wenn solche Konzepte „in die Jahre" gekommen sind und in sich nicht mehr stimmen.

Welche Kriterien legen Sie bei der Entscheidung für den Relaunch einer Zeitschrift zugrunde?
Ein Relaunch ist immer auch eine wirtschaftliche Entscheidung. Er kostet Geld und bindet Ressourcen. Wenn man ihn wagt, soll er deutliche Umsatzimpulse setzen. Also steht am Anfang die Frage, ob tatsächlich ein Relaunch nötig ist. Andernfalls reicht eventuell ein leichtes Facelift und man kann trotz gewisser Unzufriedenheit am bewährten Rezept festhalten. Entscheidend ist auch, ob Veränderungen in den Produktzyklus passen, also ob man erst kürzlich erhebliche Änderungen vorgenommen hat oder im Gegenteil der letzte Relaunch sehr lange zurück liegt. Wir schauen uns dabei die Konkurrenz an, suchen uns Benchmarks, beobachten Entwicklungen in den Branchen sowie in der Leserschaft und reagieren darauf. Dazu zählt das richtige Timing. Wir beachten branchen- und produkt-spezifische Zyklen und Anlässe (etwa große Messen, Saisonstart, große Events und ähnliches). Und nicht zuletzt fragen wir uns: Haben wir die richtigen Leute an Bord oder brauchen wir externe Hilfe.

Wie gehen Sie beim Relaunch vor?
Das lässt sich nicht schematisieren. In jedem Fall ist da erst mal die Orientierungsphase, in der wir uns schlau machen, was zu tun ist, wer am Prozess beteiligt werden kann und welche Ressourcen benötigt werden. Dabei werden die Ziele des Relaunchs definiert. Es folgt eine sehr intensive, hoch kreative und kommunikative Phase, in der aus Thesen und vagen Ideen Konzepte und klare Handlungsanweisungen werden. Dann schließlich geht es an die praktische Umsetzung. All das kann unterschiedlich lang dauern, folgt aber meist den nüchternen Regeln des Projektmanagements.

Welche Erfahrungen haben Sie bislang dabei gemacht?
Im Prinzip nur gute. Denn solche Relaunch-Prozesse setzen nicht nur viele kreative Kraft und fachliches Können frei, sondern sie zeigen auch schnell, wo ein Produkt und nicht zuletzt, wo die dafür arbeitende Mannschaft wirklich steht. Mit der Zeit lassen sich bei der Arbeit mit verschiedenen Teams bestimmte Muster erkennen, die man nutzen oder verwerfen kann und schließlich lässt sich aus der Vernetzung solcher Prozesse auch sehr viel Effizienz gewinnen.

Welche Lehren ziehen Sie aus den Erfahrungen? Was würden Sie anderen raten?
Das lässt sich so pauschal nicht sagen. Jedes Produkt und jeder Prozess ist anders, nicht zuletzt unterscheiden sich die Umfeldbedingungen. Wichtig ist, dass man die richtige Balance zwischen individuellem Gestalten und den Prozessen der jeweiligen Gruppe findet. Ein Relaunch braucht starke Väter. Doch selbst wenn es einen noch so genialen Vorturner, einen begnadeten Anchorman gibt, ist es elementar, dass sein Team mitzieht und Eigenes einbringen kann. Das ist in manchen Redaktionen, die von Alpha-Tieren beherrscht werden, nicht einfach. Zumal die verschiedenen Interessen von Redaktion, Grafik, Anzeigenabteilung, Vertrieb und Betriebswirtschaft zusammengebracht werden müssen.

Wer war in der Redaktion für den Relaunch zuständig? Wie war die Arbeitsteilung?

Meist ist der Chefredakteur der Treiber und der, der sich um alles kümmert. Er trägt letztlich die Verantwortung. Aber außerhalb dieser Grundlinie gibt es ja viele kleine Prozesse, in denen sich die jeweils zuständigen Mitarbeiter einbringen oder selbständig Teile des Konzepts erarbeiten und umsetzen. Es geht aber auch, dass man Teile der Arbeit auslagert und nach draußen vergibt. Das funktioniert jedoch nur, wenn am Ende die Ergebnisse dieser Arbeit nicht einfach über die Redaktion gestülpt und verordnet, sondern verstanden und gelebt werden.

Was sind aus Ihrer Sicht die wichtigsten Änderungen, die Sie bei einem Relaunch vornehmen?
Das fängt an bei der Titeloptik und dem Logo, geht über die klassischen Elemente wie Satzspiegel, Typografie und Farbwelt bis hin zur Leseführung und Textdramaturgie. Letztlich muss man sich die gesamte Heftstruktur ansehen, die Reizintervalle und die inhaltliche Konsistenz. Es geht auch darum, wie viel Nutzwert ich bieten will, wie viel unterhaltende Elemente ich benötige. Entscheidend ist heute nicht zuletzt die Frage, wie sich Magazine noch wirtschaftlicher, noch kostengünstiger machen lassen, wie man auf rückläufige Umsätze reagiert, ohne das Produkt zu schwächen. Das ist derzeit eines der spannendsten Themen, und hier kommen dann neben den Journalisten und Grafikern auch noch andere Fakultäten ins Spiel. Tatsache ist, dass ein intelligenter Relaunch helfen kann, viel Geld zu sparen und Redundanzen abzubauen.

Welche grafischen Elemente bedürfen einer besonderen Beachtung? Welche Unterschiede gibt es dabei zwischen den Zeitschriften?
Das ist ein weites Feld: Es beginnt beim Satzspiegel, geht über die Schriften, Schriftschnitte und Schriftgrößen hin zur Farb- und Leseführung. So ist zu klären, welche Text- und Bildmengen zu erwarten sind, wie man den Text strukturieren will, wie Kästen oder zweite Textebenen aussehen, welche Schriftmischung man zulassen möchte. Vor allem die Typografie und das Farbmanual machen viel Arbeit und sind sehr komplex. Aber bevor es richtig losgeht, müssen sehr viele konzeptionelle Fragen beantwortet werden, die direkt mit der Zielgruppe und

der Ausrichtung eines Magazins zusammenhängen. Gerade in diesem Punkt werden die Lösungen von Blatt zu Blatt verschieden sein. So ist zum Beispiel zu klären, ob die Leserschaft eher weiblich oder männlich ist, ob das Blatt im Lifestyle-Umfeld angesiedelt ist oder ob es sich eher um ein technisches Magazin handelt. Wie ist die Wertigkeit des Magazins? Wie alt sind die Leser, welche Seh- und Lesegewohnheiten haben sie? Das klingt alles banal, aber gerade in der ersten Stufe müssen Blattmacher den Grundstein für eine gute Arbeit legen. Sind die Grundpositionen klar, geht es an die Details. Welche Grundschriften kommen in Frage? Wie ist die Grauwirkung? Welche Auszeichnungsschriften passen dazu? Wieviel Farbe darf oder muss sein? Welche Auszeichnungselemente sind zu entwickeln? Bei all diesem Tun spielt eine Rolle, was das Wettbewerbsumfeld hergibt, welche grafischen Stärken und Schwächen die Wettbewerber auszeichnen. Nicht zuletzt müssen wirtschaftliche Aspekte berücksichtigt werden: Wie aufwändig ist das Konzept, wieviel Manpower wird gebraucht, wieviel Automatisierungen sind möglich?

Was hat sich in den vergangenen Jahren in Bezug auf die Magazingestaltung geändert?
Alles. Die Sehgewohnheiten, die Produktionsmittel, die Ansprüche. Vor allem ist die Exklusivität verloren gegangen: Programme wie QuarkXpress oder InDesign haben die Beliebigkeit gefördert und zur Gleichmacherei geführt. Im Prinzip steht jedem Blattmacher nun das gleiche Repertoire zur Verfügung. Bis etwa Anfang der 90er Jahre konnten sich nur große Verlage teures Equipment, herausragende Fachkräfte und teure Schriften oder viele Fotos und Illustrationen leisten und sich so mit großem Aufwand von der Masse abheben. Heute lässt sich schon mit ganz wenig Geld und billigen Computern eine auf den ersten Blick professionelle Zeitschriftenoptik erzeugen. Im Zweifel auch ohne tiefer gehende grafische Kenntnisse. Die Typografie als Handwerk und manchmal auch als Kunst, bleibt auf der Strecke. Selbst viele angehende Grafiker erhalten heute im Studium keinen Typografieunterricht mehr. Vielerorts wird noch nicht einmal typografisches Grundwissen vermittelt.

Einige Chefredakteure lehnen einen großen Relaunch ab und schlagen stattdessen allmähliche kleine Veränderungen vor. Was halten Sie davon?
Das kommt auf den Einzelfall an. Oft haben sie völlig Recht, schließlich verlangt man von ihnen und ihrem Blatt Kontinuität und Berechenbarkeit. Chefredakteure kennen ihren Markt, wissen, was ihr Leser verlangt und wie sich ihr Blatt im Konkurrenzumfeld positioniert. Sie kennen die Stärken und Schwächen ihres Teams und die kalkulatorischen Grundlagen. Viel häufiger kommt es vor, dass ein Chefredakteur nicht den Relaunch verweigert, sondern im Gegenteil in kurzen Frequenzen mehr Veränderung will, als den Kaufleuten und Vertriebsmanagern Recht ist.

Was halten Sie für sinnvoller und warum: einen hausinternen Relaunch oder die Beauftragung einer Agentur? Welche Rolle sollte Beratern zugedacht werden?
Beide Wege können gut und richtig sein. Entscheidend ist, ob in den jeweiligen Teams genügend Kreativitätspotenzial für einen umfassenden Relaunch vorhanden ist, ob auf allen Positionen veränderungsfreudige Menschen sitzen und ob überhaupt genügend Ressourcen für eine solche Arbeit zur Verfügung stehen. Meist ist der Arbeitsprozess so fordernd und die Personaldecke so dünn, dass intern überhaupt keine Zeit bleibt, Parallelprozesse zu begleiten. Dann hilft nur die situative Zusammenarbeit mit Externen. Ratgeber sollte man sich in jedem Fall leisten können, einfach um den eigenen Horizont zu erweitern, den Tunnelblick zu öffnen und wachsam für wirklich Neues zu sein. Die Arbeit an Magazinen ist heute so komplex und der Job einzelner Mitarbeiter so hoch spezialisiert, dass es hilfreich ist, mit Leuten zu reden, die eine andere Sicht der Dinge, den Überblick oder aber spezifisches Wissen haben. Kommunikation ist in solchen Prozessen das Wichtigste, also können auch kurze Gespräche mit Kollegen oder geschulten Beratern weiterhelfen. Nur sollte man bei aller Ernsthaftigkeit nicht aus jeder Aufgabenstellung eine Wissenschaft machen.

Worauf ist zu achten, wenn man den Relaunch in der Redaktion kommuniziert?

Entscheidend, und dabei handelt es sich nicht um eine Binse, ist, dass man überhaupt kommuniziert. Ich habe oft erlebt, dass Mitarbeiter einfach nicht gefragt, nicht eingebunden und beteiligt werden, dann braucht man sich nicht zu wundern, wenn Veränderungen nicht angenommen und gelebt werden. Wichtig ist vor allem, dass alle, die einen Relaunch kommunizieren und verantworten, genau wissen, was sie wollen, wohin sie wollen und welche Funktionalitäten erreicht werden müssen.

Inwieweit verändert ein Relaunch die journalistische Arbeit, etwa in Bezug auf Darstellungsformen, Abläufe und ähnliches?
Ein Relaunch sollte grundsätzlich nicht nur optischer Natur sein. Das hieße Chancen zu vertun, denn auch die journalistischen Darstellungsformen, vor allem das Leseverhalten unserer Klientel ändert sich dramatisch. Ein Relaunch, der das nicht berücksichtigt, ist nur die Hälfte wert. Gleiches gilt für die Abläufe. Hier müssen wir uns immer wieder neuen Workflows öffnen und unsere Arbeit nicht zuletzt den schwieriger werdenden wirtschaftlichen Bedingungen anpassen. Aus meiner Sicht lässt sich ein Relaunch tatsächlich in drei gleichmäßig große Anforderungen aufteilen: Optik verbessern, journalistische Inhalte verbessern, Abläufe verbessern.

Wie kommunizieren Sie einen Relaunch Ihren Lesern?
Da gilt es immer abzuwägen. Wollen die Leser überhaupt Veränderungen? Erschreckt sie das Neue, weil sie das Alte geliebt haben? Und mal ganz ehrlich: Vieles, was aus Sicht der Macher die Welt verändert, wird beim Leser längst nicht so wichtig genommen. Da ist es durchaus legitim, etwas verhaltener zu kommunizieren. Totschweigen sollte man Veränderungen aber auf keinen Fall, aber die Dosierung hängt von der Zielgruppe ab. Bei MOUNTAINBIKE kann ich mit einem lauten Button, der den „NEW STYLE" verkündet, tatsächlich neue Leser erreichen. Bei CAVALLO oder PROMOBIL könnte eine solche Aussage Massenproteste und Kündigungen provozieren.

Wie reagieren Leser und Anzeigenkunden in der Regel auf einen Relaunch?

Das ist extrem unterschiedlich. Manchmal anfallsartig mit lauter Kritik und der Kündigungsdrohung, manchmal gar nicht – was auch kein gutes Zeichen ist. In der Regel ist nach zwei, drei Heftfolgen der Spuk vorbei und jeder hat sich an ein neues Erscheinungsbild gewöhnt. Anzeigenkunden und Agenturen reagieren meist positiver auf einen Relaunch als Leser, weil sie einfach einen anderen Umgang mit Produkten und Produktaufwertungen haben, oder auch weil sie weiter weg sind als der Stammleser, der seinem Heft treu verbunden ist.

Adi Kemmer, Jahrgang 1952, war als Redakteur bei der SPEYERER TAGESPOST und den BADISCHEN NEUESTEN NACHRICHTEN in Karlsruhe. Danach wechselte er als Ressortleiter zu den Zeitschriften AUDIO und danach AUTO, MOTOR UND SPORT. Von 1989 bis 2000 leitete er die Zeitschriften PROMOBIL und CARAVANING. 2000 wurde er Mitglieder der Geschäftsleitung der Motor Presse Stuttgart und Geschäftsbereichsleiter Outdoor Freizeit. Seit 2009 leitet Kemmer den Geschäftsbereich Aktive Freizeit bei der Motor Presse.

8 Online-Relaunch

Der Relaunch von Online-Auftritten unterscheidet sich in zweierlei Hinsicht vom Relaunch bei Zeitungen und Zeitschriften.

Erstens muss ein Online-Anbieter schneller auf technische Veränderungen reagieren. Die Einbindung von Audio- und Videocasts und von Web 2.0-Elementen müssen realisiert werden.

Zweitens sind die User tendenziell eher bereit, Veränderungen hinzunehmen. Das Internet ist ständig in Bewegung, die Vergleichsmöglichkeiten sind groß. Ein Nutzer kann innerhalb von Sekunden zwischen dem Online-Auftritt der NEW YORK TIMES, dem der WELT und dem seiner Lokalzeitung wechseln. Er muss sich dabei stets auf neue Formen der Darstellung von Inhalten einstellen. Wobei die Einschränkung erlaubt sei, dass die meisten User nicht mehr als ein Dutzend Internetseiten regelmäßig besuchen. Die meisten davon sind zudem keine Nachrichtenseiten, sondern soziale Netzwerke. Allerdings sollte man das Innovationsbedürfnis von Internet-Usern nicht überschätzen: Sie bevorzugen Design, an das sie sich gewöhnt haben. User entscheiden innerhalb einer halben Sekunde, ob ihnen eine Seite im Netz gefällt oder nicht – da bleibt nicht viel Zeit, um über besonders pfiffige Gestaltungsideen nachzudenken.

In Deutschland setzt der Marktführer unter den Nachrichtensites den Standard für die Darstellung von News-Inhalten. Die meisten Onlineauftritte dieser Art ähneln deshalb SPIEGEL ONLINE.

Online-Relaunch

Online-Relaunch

Online-Relaunch

Das hat einen Vorteil: Der User weiß, wie er sich auf der Seite bewegen kann. Die Navigationselemente befinden sich oben. In der breiten linken Spalte findet er Nachrichten, die wichtigsten mit spaltenbreitem Foto, weniger wichtige mit kleinerem oder gar keinem Foto. Unterhalb des Teasers werden weitere Nachrichten, die mit der Hauptmeldung im Zusammenhang stehen, verlinkt.

In der schmaleren Spalte rechts findet der User zusätzliche Navigationselemente, externe Links, Links zu redaktionellen Zusatzangeboten wie Videos, Bildergalerien, Grafiken, Foren, Blogs und Ähnlichem.

Die STUTTGARTER ZEITUNG hat sich bei ihrem Online-Relaunch im Sommer 2009 entschieden, von der gewohnten Optik abzugehen und sich stärker an Newssites amerikanischer Zeitungen zu orientieren. Das bedeutet vor allem, dass von der Zweispaltigkeit abgewichen wird. So lassen sich mehr Inhalte auf einer Bildschirmfläche präsentieren.

vorher

nachher

Natürlich möchte jeder Webdesigner originell sein. Es ist aber nicht unbedingt negativ, sich an den Standard zu halten. Dem User erleichtert er es, sich innerhalb von Sekundenbruchteilen auf der Site zurecht zu finden – also genau das, was Internet-User bevorzugen. Der Usability-Experte Steve Krug zum Beispiel hält „Don't make me think" für die zentrale Regel jeder Internetgestaltung. Damit ist gemeint: „Veranlasse mich nicht, darüber nachzudenken, wie ich was machen soll." Internetseiten sollten so gestaltet sein, dass sie sich dem User auf Anhieb von selbst erklären.

Als Usability bezeichnet man die Bedienfreundlichkeit einer Internetseite. Seitenbetreibern empfehlen wir einen so genannten Usability-Test, der sich bereits für einen geringen Betrag verwirklichen lässt. Dabei werden ausgewählte Internet-User gebeten, auf dem Internetauftritt zu navigieren oder bestimmte Suchaufgaben zu lösen. Dabei werden sie beobachtet und befragt. So lassen sich Erkenntnisse darüber gewinnen, wie userfreundlich die Seiten gestaltet sind. Anders als bei Meinungsumfragen kann man mit wenigen Probanden bereits ein aussagekräftiges Bild von der Bedienfreundlichkeit des Internetauftritts bekommen.

User kommen heute in den meisten Fällen nicht mehr auf eine Startseite, um dort die relevanten Nachrichten zu suchen. Solches Verhalten gibt es nur noch bei ganz wenigen Leitmedien wie SPIEGEL ONLINE oder, für die IT-Branche, HEISE.DE. In der überwiegenden Zahl werden Informationen aus dem Netz über Suchmaschinen gefunden, also in Deutschland fast ausschließlich mit Hilfe von Google. In der Zukunft wird der Informationszugriff möglicherweise vornehmlich über soziale Netzwerke geschehen, zum Beispiel über Facebook, Myspace oder Twitter. Miteinander vernetzte Personen empfehlen sich gegenseitig Inhalte auf verschiedenen Websites und verweisen darauf mit einem Link. Das bedeutet, dass User nicht mehr auf die Startseite eines Anbieters gelangen, sondern direkt bei den nachgefragten Inhalten landen. Das sollte bei der Gestaltung der Seiten berücksichtigt werden.

Noch einen Schritt weiter gehen bereits heute Zeitungen wie der GUARDIAN aus Großbritannien und die NEW YORK TIMES. Für Teile ihres Online-Angebotes bieten sie Programmierschnittstellen an, so genannte APIs. Damit können Inhalte des Anbieters in die eigene Website integriert werden, zum Beispiel von einem Blogger. Die Frage muss hier außen vor bleiben, wie sich die Generierung von Inhalten noch bezahlen lässt, wenn die ursprünglichen Anbieter auch noch von der Möglichkeit der Online-Werbung abgeschnitten werden. Im Zusammenhang mit dem Relaunch würde eine solche Entwicklung bedeuten: Die Gestaltung der Seite des Inhalteanbieters spielt überhaupt keine Rolle mehr – die gleichen Inhalte würden von vielen verschiedenen Anbietern in vielen verschiedenen Variationen und Zuschnitten offeriert.

Viele Verlage stellen sich bei einem Relaunch die Frage, wie sie mit ihren Internetauftritten Geld verdienen können. Bislang gibt es nur zwei Gruppen von Anbietern, die im Netz dauerhaft Profit erzielen. Überspitzt formuliert: Geld verdienen können nur Google und Porno. Die Suchmaschine Google bietet den Usern den Zugang zu allen mit Algorithmen erfassbaren Inhalten des weltweiten Netzes. Für Werbekunden ist sie damit interessanter als einzelne Inhalte-Anbieter, denn mit Werbung wird nur konfrontiert, wer ganz gezielt nach den beworbenen Inhalten sucht; und bezahlt wird nur, wenn die Anzeige angeklickt wird. Das ist wesentlich zielgerichteter als Werbebanner zu schalten.

Pornos sind bislang einige der wenigen Inhalte, für die User zu zahlen bereit sind. Auch das mag sich ändern, da immer mehr pornografische Inhalte kostenlos zur Verfügung stehen. Ansonsten ist es noch nicht gelungen, Internetangebote durch zu bezahlende Inhalte (Paid Content) zu finanzieren. Im Netz herrscht eine von vielen zu Recht beklagte Kostenlos-Mentalität. Selbst kostbare Schätze wie der Zugang zu den Archiven von Medien werden zunehmend kostenfrei angeboten. Bei einem Relaunch muss sehr genau überlegt werden, ob und wie Paid Content in den neuen Auftritt integriert werden kann.

Im Unterschied zu Printprodukten sind die Designer von Internetseiten mit dem Problem konfrontiert, dass sie nicht genau wissen, wie ihre Seiten beim Nutzer aussehen. Das hängt nämlich von den Einstellungen ab, die dieser am Browser oder an seinem Rechner vorgenommen hat. Zum Beispiel sehen auf diese Weise Farben auf unterschiedlichen Rechnern unterschiedlich aus. Der Designer kann nicht einmal beeinflussen, welchen Ausschnitt der Seite der Nutzer zu Gesicht bekommt. Auf einem kleinen Bildschirm, zumal wenn die Darstellung der Schriften noch vergrößert wurde, wirkt deshalb eine Gestaltung völlig anders als auf einem großen Bildschirm. Da Webgestalter meistens an großen Bildschirmen arbeiten, empfiehlt es sich, Entwürfe auch einmal auf einem Netbook zu betrachten. Selbst wenn man die Größe der Darstellung als User verändern kann: Stellen Sie sich einmal die unten abgebildete Homepage der VAIHINGER ZEITUNG auf dem Zehn-Zoll-Monitor eines Netbooks vor.

Bei der Programmierung seiner Seiten sollte man bedenken, dass der Marktanteil des Internet Explorers von Microsoft in Deutschland nur noch bei knapp zwei Dritteln liegt. Knapp unter 30 Prozent der Nutzer bedienen sich des Mozilla Firefox. Andere Browser spielen so gut wie keine Rolle (Freaks sollten allerdings an Apple-User mit dem Safari denken). Das bedeutet, dass die Seiten sowohl für den Explorer als auch für den Firefox optimiert werden müssen. Darstellungen wie hier bei AOL die hoffentlich ungewollte Überschneidung von Überschrift, Teaser und Bild sollten ausgeschlossen werden, da sie ziemlich unprofessionell wirken:

Online-Relaunch

Bei der Schriftwahl im Internet sollte man ebenfalls bedenken, dass die Darstellung sich auf den Bildschirmen der User unterscheiden kann. Die Größen der Schriften sollten deshalb nicht absolut, sondern im Verhältnis zueinander programmiert werden, so dass Überschriften auch dann deutlich größer bleiben, wenn der User die Darstellung der Schrift auf seinem Bildschirm vergrößert.

Zurzeit liegt die Auflösung von Webdarstellungen auf Bildschirmen zwischen 72 und 96 dpi, bei gedruckten Werken liegt sie zwischen 300 und 3.000 dpi. Zwar werden die Bildschirme besser, aber bis dahin sollte bei der Schriftauswahl die geringere Auflösung bedacht werden, zumal man weder die Bildschirmeinstellung noch die Bildschirmqualität der User kennt. Im Netz bevorzugt man deshalb gegenwärtig serifenlose Schriften.

8.1 Inhalte

User suchen im Internet vor allem Inhalte. Diese Aussage ist nicht so banal, wie sie sich anhört. Vielmehr beschreibt sie ein Problem: Es gibt noch kein Modell, wie sich seriöse Nachrichtenanbieter auf Dauer refinanzieren können, und zwar im gleichen Umfang wie sie das bisher durch ihre Printprodukte getan haben. Zwar fallen im Internet eine Reihe von Kosten weg, zum Beispiel Druck und Vertrieb, aber die Kostenersparnis steht nicht in

Relation zum Verlust an Einnahmen durch Anzeigenverluste im Printgeschäft.

Dabei erfordert guter Inhalt im Internet nicht weniger redaktionellen Aufwand als in Zeitschriften und Zeitungen. Redakteure sollten bei einem Relaunch geschult werden, um den Anforderungen des Schreibens fürs Netz zu genügen. Die besonderen Rezeptionsbedingungen verlangen es nämlich, auf einige besondere Regeln zu achten. Nicht zuletzt gehört dazu, suchmaschinenoptimierte Überschriften und Teaser zu verfassen. Nur so kann es gelingen, möglichst viele User auf die eigene Site zu ziehen, um zumindest für Werbekunden interessant zu sein.

Die Tatsache, dass User im Internet Inhalte suchen, hat jedoch auch etwas Tröstliches. Marketingtexte und PR-Blabla werden schnell weggeklickt. Gesucht wird nach nutzwertigem Content, der schnell zu erfassen ist. Zumal wenn sie nach einem Relaunch auch das Internet bedienen sollen, ist es für viele Printredakteure hilfreich, wenn sie einen Überblick darüber erhalten, was im Internet angeklickt wird. In unseren Seminaren zeigten sich viele Printjournalisten überrascht, wie sich mit kleinen Veränderungen an Überschrift und Teaser die Klickzahlen erheblich steigern ließen.

Der Relaunch einer Internetseite sollte auch in Zukunft dazu dienen, sich weiterhin als zuverlässige und seriöse Medienmarke zu etablieren. Mit einem Markenkonzept ist es noch am ehesten möglich, Einnahmequellen zu finden, zum Beispiel über Leistungen wie den Verkauf von exklusiven Studien, der Organisation von Kongressen, dem Angebot von Schulungsmaterialen und Ähnlichem.

8.2 Startseite

Die Startseite eines Internetauftritts sollte vor allem übersichtlich sein und dem User erlauben, sich sehr schnell einen Überblick über die Fülle des Angebots zu verschaffen. User verbringen auf einer Startseite gemäß einer Studie des Usability-Experten Jakob Nielsen im Schnitt eine halbe Minute.

Web-erfahrene Nutzer begnügen sich sogar mit 25 Sekunden, während weniger erfahrene User etwa 35 Sekunden verweilen. Jedenfalls ist das nicht genug Zeit, um sich Gedanken darüber zu machen, was sich hinter mysteriösen Elementen auf der Seite verbirgt.

Innerhalb der halben Minuten müssen User auf der Homepage erfahren:

- wo sie gelandet sind (oder darin bestätigt werden, dass sie auf der richtigen Homepage gelandet sind),
- was die Topmeldung ist und um was es dabei geht (in einem Teaser),
- wie man sich auf der Website bewegen kann und
- welche zusätzlichen Angebote die Website bietet, vor allem Web 2.0-Elemente.

Die VAIHINGER KREISZEITUNG hat zwar einen sehr klaren, aber doch nicht sehr lesefreundlichen Auftritt. Der User erkennt sofort, wo er sich befindet. Die linke Navigationsspalte ist übersichtlich. Die Meldungen in der breiten Spalte sind hingegen in der Standarddarstellung des Browsers sehr klein und schwer zu lesen. Sie sind außerdem alle gleich groß – die Topmeldung wird nicht durch ein größeres Bild hervorgehoben. Die Teaser sind zu lang.

Online-Relaunch

Bei einem Relaunch, der vermutlich mit dem Erwerb eines neues Content Management Systems verbunden wäre, müsste die Topmeldung klarer hervorgehoben werden. Die Teaser dürften nicht länger als etwa 250 Zeichen sein.

Auch die folgende Homepage I2B.DE verschafft dem User keinen schnellen Überblick und erlaubt keine Einordnung der Wichtigkeit der Meldungen:

Die in den Vereinigten Staaten sehr erfolgreiche Internetpublikation HUFFINGTON POST zeigt auf den ersten Blick, dass sie sehr viele Informationen bietet. Wenn man weiter nach unten scrollt, finden sich noch weitere angerissene Artikel. Aber der User kann sofort erkennen, dass der Artikel, der oben steht mit einer riesigen Überschrift und riesigen Fotos, von der Redaktion als besonders wichtig erachtet wird. Mehrere Untersuchungen zeigen, dass zumindest gegenwärtig die Besucher von Nachrichtensites eine Gewichtung der Inhalte erwarten. Anders ist es in Deutschland noch bei Blogs, die oftmals wie „einlaufende Nachrichten" aufgebaut sind. Die HUFFINGTON POST kommt zwar auch aus der Blog-Tradition, ist aber mit steigendem Zuspruch zu einer nachrichtliche Platzierung übergegangen.

Online-Relaunch

8.3 Innenseiten

Der Vorteil einer Gestaltung von Internetseiten ist, dass man mit sehr wenigen Vorlagen auskommt. Im einfachsten Fall reichen eine Startseite und eine Folgeseite, auf der ein einzelner Artikel platziert ist. Bei Innenseiten mit Artikeln sind die Variationsmöglichkeiten gering. Um gut lesbar zu sein, benötigt der Artikel eine vergleichsweise breite Spalte, die links oder in der Mitte steht. Dieser Artikel wiederholt die Überschrift und den Teaser von der Startseite. Das ist nötig, da User, die über die Suchmaschine kommen, den Teaser auf der Startseite nicht gelesen haben.

In dieser Spalte werden zusätzlich Anzeigen (meist unmittelbar unter dem Teaser), interne Links und andere weiter führende Angebote positioniert. Rechts davon in einer etwas schmaleren Spalte findet der User Teaser und Links zu ergänzenden Angeboten, zum Beispiel externe Websites, Videocasts, Bildergalerien, Foren, Blogs, weitere Artikel zum gleichen oder zu ähnlichen Themen. Hinzu kommen Auflistungen, etwa der meistgeklickten Artikel, Anzeigen, Suchfunktionen und Navigationselemente. Gut erkennbar ist diese Aufteilung beim Marktführer SPIEGEL ONLINE:

Wie gering, auch im Unterschied zur Startseite, die Variationsmöglichkeiten sind, zeigt ein Vergleich der Innenseiten der STUTTGARTER ZEITUNG vor und nach dem Relaunch.

vorher

Online-Relaunch

nachher

SPIEGEL ONLINE hat in seinem Angebot eine so genannte „Seite 2" geschaffen, auf der Hintergründe zu aktuellen Storys erläutert werden. Deren Design hebt sich von dem normalen Artikel ab – allerdings nur auf den ersten Blick. Es handelt sich eigentlich um eine weitere Startseite. Wer einen der dort angeteaserten Beiträge anklickt, landet erneut bei der klassischen Darstellung.

8.4 Kriterien für Textgestaltung

Das entscheidende Kriterium für die Textgestaltung im Internet ist die Scanbarkeit. Das bedeutet, der User muss den Text innerhalb kurzer Zeit überfliegen können. Dazu dienen folgende Maßnahmen:

- Absätze machen. Im Internet sind mehr Absätze nötig als in einem Printtext. Als Faustregel gilt, dass nach zwei bis vier Sätzen ein Absatz folgen sollte. Es dient der Übersichtlichkeit, wenn zwischen den Absätzen größere Abstände sind als zwischen den Zeilen.
- Zwischentitel setzen. Zwischentitel sollten so gesetzt und formuliert werden, dass ihre Lektüre allein dem User bereits eine ungefähre Vorstellung des Artikelablaufs verschafft. Zwischentitel im Internet sollten häufiger gesetzt werden als bei Printartikeln. Auch hier eine Faustregel: Alle zwei bis drei Absätze einen Zwischentitel einfügen.
- Möglichst wenige Unterbrechungen im Lesefluss. Diese Forderung ist nicht einfach zu erfüllen, zumal sie im Widerspruch zu betriebswirtschaftlichen Notwendigkeiten steht, nämlich der attraktiven Platzierung von Anzeigen.
- Kernbegriffe in die erste Zeile eines Absatzes nach einem Zwischentitel. Hier haben wir es bereits mit Feinheiten des Schreibens für das Internet zu tun. Viele Nutzer lesen einen Absatz nur an, um zu entscheiden, ob er relevante Informationen für sie enthält. Besonders gilt dies für den ersten Absatz nach einem Zwischentitel. Autoren sollten sich darum bemühen, die Kern- und Suchbegriffe, die den Inhalt des folgenden Textes beschreiben, in den ersten acht bis zehn Wörtern des Absatzes unterzubringen.
- Wichtige Links auffällig hervorheben. So wird der User zu den bevorzugten Links gelenkt. Links sollten sich farblich verändern, wenn sie einmal angeklickt worden sind.
- Kern- und Suchbegriffe herausheben, zum Beispiel, indem man sie fettet.

Interview mit Alexander Kratzer, Leiter Online Stuttgart Internet Regional GmbH und Tobias Köhler, Leiter Online-Ressort STUTTGARTER ZEITUNG

Woran erkennt man, dass eine Website relauncht werden sollte?
Kratzer: Man spürt es. Oder, um es konkreter zu sagen: Es wird vor allem dann klar, wenn es nicht mehr gelingt, den journalistischen Inhalt auf der Seite adäquat darzustellen. In den letzten Jahren hat sich ja der Inhalt von Nachrichtenangeboten im Internet stark verändert. Wir haben es nun mit Videos, mit Bilderstrecken, mit den neuen Dialogformen des Web 2.0 zu tun. Außerdem haben sich die Lesegewohnheiten der User verändert. Die User kommen in großer Zahl über Google zu den Inhalten, statt direkt zum Beispiel auf die Internetseite der Stuttgarter Zeitung zu gehen.

Sollte man angesichts des permanenten Wandels in der Internet-Welt nicht auf einen Relaunch verzichten und stattdessen kontinuierlich verbessern?
Köhler: Man muss das eine tun und darf das andere nicht lassen. Selbstverständlich gilt es, sein Angebot auszubauen, zu verbessern und es den neuen technischen Möglichkeiten anzupassen. So hält es zum Beispiel der Marktführer bei Online-Nachrichten, SPIEGEL ONLINE. Aber irgendwann stellt man fest, dass das Kleid vorne und hinten nicht mehr passt. Und dann muss ein neues her, also ein Relaunch auf einen Schlag. Auch erwarten die User von einem Netzauftritt, dass er sich von Zeit zu Zeit radikal ändert. Das liegt nicht zuletzt daran, dass sie im Internet viel besser vergleichen können, wie andere Angebote daherkommen – und zwar weltweit. Der Leser der AUGSBURGER ALLGEMEINEN zum Beispiel vergleicht das Layout seines Blattes in der Regel nicht unmittelbar mit dem der STUTTGARTER ZEITUNG. Im Internet kann er aber genau das problemlos tun. User werden dadurch offener für Veränderungen und Neuerungen.
Kratzer: Manche Lokalzeitung ist seit sieben, acht Jahren unverändert online. Das geht eigentlich nicht. Ich sage „eigentlich", weil ein großer Relaunch natürlich erhebliche Kosten verursacht. Leider steigen die Einnahmen aus Online-Werbung nicht im gleichen Maße wie die Anforderungen an das redaktionelle Angebot und die Gestaltung.

Die meisten nachrichtlichen Web-Auftritte sehen aus wie ein Klon von SPIEGEL-ONLINE. *Sollte das so sein oder sollte ein Online-Betreiber beim Relaunch etwas ganz Eigenes entwickeln?*
Köhler: Wir haben uns bei der STUTTGARTER ZEITUNG ganz bewusst für eine sehr eigenständige Gestaltung entschieden. Leider hatte sich bei unserem Web-Auftritt lange nichts getan. Wir wollten also nicht aussehen wie der letzte Nachzügler, der sich an SPIEGEL-ONLINE anlehnt. Deshalb haben wir uns umgeschaut und uns unter anderem an angelsächsischen Vorbildern orientiert, die einen ganz anderen Umgang mit den Spalten pflegen als die klassische Zweispaltigkeit, die SPIEGEL ONLINE oder WELT ONLINE bei uns etabliert haben. Das Design wurde von der gleichen Agentur entworfen wie die Neugestaltung der STUTTGARTER ZEITUNG, so dass beide aufeinander abgestimmt sind. Wir glauben, dass unser neues Design eine Richtung aufzeigt, in die sich Nachrichtenwebsites in Deutschland entwickeln werden.
Kratzer: Grundsätzlich neige ich der Auffassung zu: Mach was Eigenes. Aber auch hier hängt vieles davon ab, wie viel Geld für einen Relaunch zur Verfügung steht. Beim Internetauftritt von Fachzeitschriften zum Beispiel spielt das Design eine weniger große Rolle Das gilt vor allem für die Startseite, da viele User – wie gesagt – inzwischen über Google direkt zu den Inhalten vorstoßen. Ich habe kürzlich einen Relaunch gemacht, der in drei Wochen über die Bühne ging – da bleibt nicht viel Zeit für Design-Experimente.

Wie lange sollte man sich für die Planung und Umsetzung des Relaunchs Zeit nehmen?
Köhler: Beim Relaunch von Stuttgarter-Zeitung.de hatten wir ungewöhnlich wenig Zeit. Anfang Februar 2009 haben wir uns die ersten konzeptionellen Gedanken gemacht. Das ist sicher nicht der ideale Zeitplan. Dieser Zeitdruck entstand, weil wir mit der neu gestalteten Zeitung und dem neuen Online-Auftritt gleichzeitig vor die Leser treten wollten. Zeitgleich haben wir übrigens einen Newsroom eingerichtet. Dank des Newsrooms profitiert die Online-Redaktion erheblich von der Arbeit der Printkollegen. Ich glaube, dass wir dabei auch Stück für Stück ein Bewusstsein dafür schaffen, wie wichtig medienübergreifendes Arbeiten ist.

Kratzer: Generell empfehlen wir einen großzügigeren Zeitrahmen. Man sollte für einen Online-Relaunch rund ein Dreivierteljahr einplanen: ein vierteljahr für das Konzept, ein vierteljahr für das Design und ein vierteljahr für die Programmierung. Außerdem sollte man mit HTML-Dummys Usability-Studien durchführen. Für ein Jugendportal zum Beispiel habe ich über mehrere Wochen Jugendliche eingeladen, die Sites auszuprobieren. Dabei haben wir noch einiges gefunden, das wir angepasst und korrigiert haben.

Wie würden Sie den Standardablauf eines Relaunchs beschreiben?
Kratzer: Zuerst muss man sich klar darüber werden, welche Inhalte man im Netz darstellen will. Ausgangspunkt für einen Relaunch ist also der Content – das Design hat im Nachrichtenbereich eine dienende Funktion. Man muss sich ebenso Gedanken darüber machen, was die Redaktion leisten kann. Es nützt nichts, alle denkbaren Web 2.0-Möglichkeiten wie Blogs, Foren, Bildergalerien von Usern und Ähnliches vorzusehen, und am Ende hat die Redaktion nicht die Ressourcen, das alles sinnvoll zu betreuen. Danach erstellt man eine Navigationsstruktur. Erst zum Schluss folgt das Design, und ganz am Ende die Programmierung von im Schnitt vier bis fünf Templates. Damit kann ich rund 90 Prozent des Nachrichtenalltags abdecken. Um die restlichen zehn Prozent kümmert man sich dann bei Bedarf. Begleitet werden sollte der Prozess durch Marktforschung und Usability-Tests.

Welche Web 2.0-Elemente sollten bei einem Relaunch unbedingt bedacht werden?
Köhler: Bei der STUTTGARTER ZEITUNG haben wir berücksichtigt: Kommentierungsfunktion für Artikel; redaktionelle Blogs; aktives Twittern – also Twittern zu mehr zu nutzen als nur für RSS-Feeds; Livestreaming bei herausragenden Ereignissen, zum Beispiel dem Halbmarathon der STUTTGARTER ZEITUNG; Videos, auch von Usern; Fotogalerien, die von Usern eingestellt werden; Foren und Social Bookmarking. Bei der Kommentarfunktion behalten wir uns allerdings vor, sie bei bestimmten Artikeln abzustellen, nämlich dann, wenn wir eine hochemotionale Debatte rechtlich und inhaltlich nicht mehr verantworten können.

Zoomer.de ist ja noch einen Schritt weitergegangen und hat die User die Relevanz von Artikeln bewerten lassen.
Kratzer: Das ist aus heutiger Sicht ein Fehler. Sie sind ja auch damit gescheitert. Die User wollen bei Nachrichtenportalen eine Hierarchisierung von Artikeln durch eine professionelle Redaktion, sie wollen redaktionelle Orientierung. Der Community selbst die Bewertung von Nachrichten aufzuhalsen, klappt bei uns noch nicht. Vielleicht ändert sich das ja und wird in zehn Jahren funktionieren.

Alexander Kratzer, Jahrgang 1973, leitet die Online-Aktivitäten der STUTTGARTER ZEITUNG, der STUTTGARTER NACHRICHTEN und des SCHWARZWÄLDER BOTEN. Nach dem Studium und einem Jahr Pressearbeit beim Haufe Verlag in Freiburg, kam er im Jahr 2000 zur DIG GmbH. Dort plante und betreute er diverse Onlineprojekte aus dem Verlagsbereich.

Tobias Köhler, Jahrgang 1972, leitet das Online-Ressort der STUTTGARTER ZEITUNG. Seit dem Jahr 2000 StZ-Redakteur, war er zuerst für die Computerseite, dann als stellvertretender Ressortchef für die Organisation der Lokalredaktion zuständig.

9 Kommunikation von Relaunches

9.1 Kommunikation in der Redaktion

Nicht alle Mitglieder der Redaktion werden begeistert sein, wenn ein Relaunch ansteht. Wir stoßen in Redaktionen auf einen unterschiedlichen Grad an Offenheit gegenüber den notwendigen Veränderungen, die ein Relaunch mit sich bringt. Das hängt oft damit zusammen, von wem der Wunsch nach einer Neugestaltung und journalistischen Neuorientierung ausgeht. Vor allem in zwei Fällen zeigt sich Widerstand. Erstens, wenn ein neuer Chefredakteur angetreten ist und einen Relaunch in Angriff nimmt. Ältere Mitglieder der Redaktion, ohnehin verunsichert durch den Führungswechsel, befürchten in einer solchen Situation, ihrer stabilisierenden Routine beraubt zu werden. Das ist verständlich und auch nicht ganz falsch, denn ein Relaunch verändert die tägliche Arbeit und erfordert, sich auf neue Herangehensweisen einzustellen. Manchmal kann auch vermutet werden, dass sich hinter der Ablehnung eines Relaunchs Unsicherheit über die eigene fachliche Qualifikation verbirgt. In anderen Fällen befürchten die Journalisten die erhöhte Arbeitsbelastung während und nach einem Relaunch.

Zweitens kommt es zu Widerständen, wenn ein Relaunch vom Verlag über die Köpfe der Redaktion hinweg angeordnet wird. Grundsätzlich sind wir der Auffassung, dass ein Relaunch gegen den Widerstand der gesamten Redaktion zum Scheitern verurteilt ist. Zwar kann ein Verleger eine Neugestaltung anordnen, aber die Redaktion muss am Ende das neue Layout mit journalistischen Inhalten füllen. Verleger können aber auch nicht tatenlos zuschauen, wenn ein Titel wirtschaftlich an Boden verliert und sich die Redaktion dennoch uneinsichtig zeigt. In diesen Fällen müssen sich externe Berater bemühen, das Vertrauen der Redaktion zu gewinnen und eine kritische Auseinandersetzung mit der Zeitschrift, Zeitung oder Website anregen. Dabei sollten Stärken gewürdigt werden, Schwächen aber nicht unausgesprochen bleiben. Wir haben die Erfahrung gemacht, dass Berater, die aus dem Journalismus kommen, hier größere Chancen haben als solche, die über einen betriebswirtschaftlichen oder Marketing-Hintergrund verfügen.

Um keine Missverständnisse aufkommen zu lassen: Viele Redaktionen stehen einem Relaunch offen und interessiert gegenüber. Dann treffen die Bemühungen auf keinerlei Widerstand und alle ziehen mit. Je größer eine Redaktion jedoch ist, desto eher wird es einzelne Mitglieder geben, die einen Relaunch ablehnen.

Psychologisch teilt sich die Redaktion grob gesehen in folgende Gruppen (oder Einzelpersonen):

Die Widerständler

Widerständler treten offen gegen einen Relaunch auf, weil sie seine Notwendigkeit bezweifeln. Mit dem Inhalt und der Gestaltung des Produktes in seiner bestehenden Form geben sie sich vollkommen zufrieden. Die Leser seien zufrieden und es bestehe kein Grund, ein erfolgreiches Konzept zu verändern. Widerständler zweifeln die Aussagekraft von Marktforschungsergebnissen an. Sie zeigen oftmals eine erstaunliche Unkenntnis über Marktentwicklungen, zum Beispiel über den Einfluss des Internets auf das Leseverhalten und die wirtschaftliche Situation der Printmedien. Neuen Techniken, auch dem Internet als Publikationsplattform, stehen sie misstrauisch gegenüber. Negative Auflagenentwicklungen und zurückgehenden Leserzuspruch führen sie ausschließlich auf externe Faktoren zurück (die allgemeine Lage, das schwierige Marktumfeld). Veränderungen setzen sie mit einer Minderung der journalistischen Qualität gleich, wobei sie die Qualität des bestehenden Produktes deutlich überschätzen. Langjährige Redakteure unter den Widerständlern reagieren auf neue Ideen mit der Aussage: „Das haben wir früher schon einmal probiert. Hat auch nicht funktioniert." Dabei glorifizieren sie eine großartige Vergangenheit der Zeitung oder Zeitschrift, ohne die veränderten Rahmenbedingungen und das veränderte Leserverhalten in Rechnung zu stellen.

Der Umgang mit Widerständlern ist eine Herausforderung, der sich vor allem Chefredakteure und Verlagsleiter stellen müssen. Zwar ist es wichtig, diese Mitglieder der Redaktion mit Daten und Fakten zur Entwicklung des Medienmarktes allgemein wie zu der des Objektes im Besondern zu konfrontieren. Vorträge externer Experten könnten hilfreich sein. Das wird nicht immer zur Überzeugung beitragen, ist aber wichtig, weil bereits wenige Widerständler in einer Redaktion zu einer schlechten Stimmung während des Relaunchprozesses beitragen können. In einigen Fällen haben wir erlebt, dass der Chefredakteur zu den Widerständlern gezählt werden musste. Dann ist ein Personalgespräch mit der Verlagsleitung angebracht, das im Extremfall mit einer Vertragsauflösung enden kann.

Die Skeptiker

Die Skeptiker lehnen einen Relaunch nicht völlig ab. Sie verstehen ihn aber als eine vorsichtige Neugestaltung, bei der möglichst wenig verändert wird. Journalistisch und inhaltlich sehen sie keinen Veränderungsbedarf. Um ihre eigene Skepsis zu begründen, schieben sie die angeblich konservative Haltung der Leser vor. „Unsere Leser machen das nicht mit", gehört zu den wichtigsten Argumenten der Skeptiker. In der Tat ist es aber so, dass die Skeptiker selbst in vielen Fällen eine größere Abneigung gegen Veränderung haben als die Leser.

Skeptikern lässt sich mit Argumenten, Daten und Fakten begegnen. Sie sollten in den Relaunchprozess eingebunden werden. Vor allem brauchen sie konkretes Material, da sie dazu neigen, lange abstrakt und theoretisch über alle denkbaren Schwierigkeiten, die sich ergeben könnten, zu spekulieren. Einige der Argumente sind dabei durchaus bedenkenswert und mögen berücksichtigt werden. Grundsätzlich erweisen sich viele Befürchtungen am Ende aber als grundlos. Bei radikaleren Lösungen reagieren die Skeptiker oft mit dem Satz: „Mir gefällt es zwar, aber unsere Leser ..." Eine entschlossene Chefredaktion sollte dem entgegentreten.

Die aufgeschlossenen Neutralen

Der Großteil der Redaktion verhält sich in der Regel neutral, ist aber grundsätzlich aufgeschlossen. Diese Gruppe sollte zuvörderst durch Schulungen und Weiterbildungen gefördert und eingebunden werden. Unsere Erfahrung zeigt, dass der aufgeschlossene Teil der Redaktion auf solchen Veranstaltungen Lust bekommt, das Neue zu probieren. Sie dienen dazu, das journalistische Selbstbewusstsein zu stärken, ein Gefühl von Kompetenz zu vermitteln und neugierig zu machen auf die Möglichkeiten nach dem Relaunch.

Die Begeisterten

Mit begeisterten, offenen und neugierigen Redakteuren macht ein Relaunch natürlich am meisten Spaß. Auch dann werden nicht immer alle einer Meinung sein, aber der Austausch findet über Argumente statt. Chefredakteure sollten darauf achten, dass allen Arbeitsgruppen zu einem Relaunch stets auch mindestens ein begeisterter Redakteur angehört. In wichtigen Arbeitsgruppen sollten Begeisterte und aufgeschlossene Neutrale die weit überwiegende Mehrheit stellen, wenngleich ihnen auch überzeugbare Skeptiker angehören dürfen.

Nur in kleinen Redaktionen kann die gesamte Mannschaft in die Vorbereitung des Relaunchs eingebunden werden. In größeren Redaktionen wird man Arbeitsgruppen bilden müssen. Gute externe Berater werden bemüht sein, dass sich keiner ausgeschlossen fühlt. Die Chefredaktion sollte regelmäßig in den Redaktionssitzungen über den Fortgang des Relaunchs informieren. Sechs bis zehn Wochen vor dem Relaunch, je nach Größe der Redaktion, sollte er allen Mitarbeitern von der Chefredaktion und gegebenenfalls den externen Beratern präsentiert werden. Dann setzen die Schulungen für den Umgang mit dem Layout und eventuell mit einem neuen Content Management System ein. Zwischen den Schulungen und der Umsetzung darf nicht zu viel Zeit verstreichen, die neuen Fertigkeiten sollten sofort eingesetzt werden.

Alle von uns befragten Chefredakteure waren sich einig, dass umfassende Kommunikation in einem Relaunchprozess innerhalb der Redaktion notwendig ist. Ihnen war aber auch klar, dass die Chefredaktion klare Vorgaben machen und sich in Einzelfällen gegen Widerstände durchsetzen muss. Zeitungen, Zeitschriften und Websites werden schließlich nicht für die Redakteure gemacht, sondern für die Leser. Wenn zu viel Rücksicht auf die Bedürfnisse von Redakteuren zu Lasten der Leser genommen wird, muss sich eine Chefredaktion auch darüber hinwegsetzen dürfen.

9.2 Kommunikation gegenüber dem Leser

Den Leser mit einem Relaunch zu überraschen, ist in der Regel keine gute Idee. Am ehesten möglich ist dies noch bei einer Website, vor allem, wenn diese vorwiegend über die Google-Suche angesteuert wird. Zeitungen und Zeitschriften sollten ihre Leser hingegen auf den Neuauftritt vorbereiten. Dazu gibt es verschiedene Maßnahmen, die natürlich vom Budget abhängen.

Einfache Ankündigung

Im einfachsten Fall wird der Relaunch im vorausgehenden Heft angekündigt, indem man den Leser neugierig macht. Im relaunchten Heft erläutert der Chefredakteur im Editorial in wenigen Worten, was warum geändert wurde. Ist der Relaunch umfänglicher, sollte ein eigener Artikel die Änderungen erläutern, damit der Leser sich auch in der neuen Ausgabe gut zurechtfindet. Wie deutlich wird, eignet sich ein solches Vorgehen nur für Zeitschriften, vor allem Fach- und Special-Interest-Titel.

Kaskadierende Ankündigung

In diesem Falle wird die Neugier des Lesers gesteigert, indem bereits drei oder vier Hefte im Voraus auf den Relaunch hingewiesen wird. Das kann zum Beispiel über Eigenanzeigen geschehen, die „etwas Neues" ankündigen. Auch Tageszeitungen arbeiten mit dieser Methode, dann aber im Rahmen einer größeren Kampagne.

Erläuterungen in der Relaunchausgabe

Ein Relaunch sollte in der ersten Ausgabe ausführlich erläutert werden. Man muss dem Leser erklären, welche Rubriken neu entstanden sind, wo er das Gewohnte findet und warum die Redaktion einen Relaunch für notwendig gehalten hat. Tageszeitungen begleiten den Relaunch am besten mit einer umfangreichen Beilage, die zahlreiche Artikel rund um den Relaunch und das Blatt enthalten kann.

Marketing- und Werbekampagne

Tageszeitungen und Publikumstitel werden ihren Relaunch zusätzlich mit einer Marketing- und Werbekampagne begleiten, in die auch der Vertrieb eingebunden ist. Dazu gehören Werbeplakate, Litfasssäulen-Werbung, City Lights, Öffentlichkeitsarbeit, vielleicht sogar Radio- und TV-Spots. Bei großen Titeln und entsprechenden Budgets schaltet man am besten eine Werbeagentur ein, die sich zusätzliche Maßnahmen überlegen kann. Beliebt geworden ist zum Beispiel das Guerilla-Marketing. Dabei wird in der realen Welt oder im Internet mit Aktionen aufmerksam gemacht, die ein hohes Potenzial haben, weitererzählt oder (im Internet) weiterverschickt zu werden. So warb die STUTTGARTER ZEITUNG für ihren Relaunch mit Menschen, die im Schaufenster eines Buchkaufhauses saßen und die Zeitung lasen.

Viele Leser, vor allem die treuen, haben sich über Jahre an ihre Zeitschrift oder Zeitung gewöhnt. Einige von ihnen werden deshalb mit Unverständnis auf einen Relaunch reagieren. Das ist normal. Es kann sogar zu vereinzelten Abbestellungen kommen. Die Erfahrung der meisten Verlage ist, dass die Zahl der Abbestellungen über den Jahresverlauf betrachtet auf Grund eines Relaunchs nicht wesentlich ansteigt. Vermutlich ist es so, dass Leser, die nach einem Relaunch das Abonnement kündigten, dies ohnehin getan hätten – jetzt aber einen Anlass gefunden haben.

Die Redaktion sollte sich durch heftige Reaktionen einzelner Leser nicht aus der Bahn werfen lassen. Viele Untersuchungen zeigen, dass sich Leser nach wenigen Ausgaben nicht mehr an das alte Layout werden erinnern können. Der Autor dieses Buches erinnert sich an eine Situation nach dem Relaunch einer lokalen Tageszeitung, in den er als Volontär involviert war. Nach dem Relaunch meldete sich bei ihm am Redaktionstelefon ein erboster Leser. Er beschwerte sich, dass im neuen Layout die Spaltenlinien weggefallen seien. Er komme mit seiner Zeitung gar nicht mehr zurecht. In Wirklichkeit waren die Spaltenlinien fast zwanzig Jahre vor diesem Relaunch verschwunden.

Redakteure sollten sich durch solche Leserreaktionen nicht ins Bockshorn jagen lassen. Wenn dazu noch die journalistische Qualität des Produktes gestiegen ist, wächst die Zufriedenheit der Zielgruppe rasch und die Irritationen sind schnell vergessen. Bei Websites geht die Gewöhnung in der Regel noch schneller als bei Printobjekten vonstatten.

10 Nach dem Relaunch ist vor dem Relaunch

Ein Relaunch ist nicht das Ende der Bemühungen um die Gunst des Lesers oder Nutzers. Es gilt, die journalistische Qualität zu halten oder zu steigern. Der Verlag wird sich vor dem Relaunch ein Ziel gesetzt haben. Das könnte sein:

Die Auflage oder die Nutzerzahl zu steigern. Bei Websites ist das Ziel, Nutzerzahlen, Page Impressions, Verweildauer und so weiter zu erhöhen, sinnvoll und erreichbar. Bei Tageszeitungen würde man hingegen von einem ambitionierten Ziel sprechen. Der Trend spricht gegen die Tageszeitung, und ein Relaunch ist kein Wundermittel, das veränderte Medienverhalten vieler Menschen umzukehren. Bei Zeitschriften hängt die Realisierbarkeit eines solchen Zieles vom Marktumfeld ab. Einzelne Erfolge wie LANDLUST und NEON zeigen, dass bei Print noch Leserpotenzial zu finden ist.

Den Abwärtstrend zu stoppen oder zu verlangsamen. Diese Vorgabe ist für Tageszeitungen wesentlich realistischer und erreichbarer. Das setzt voraus, dass nicht nur die Optik der Zeitung sich ändert, sondern auch der Inhalt. Die Entwicklung geht, wie an anderer Stelle erläutert, zu einem Blatt, das seinen Lesern die Hintergründe des Tagesgeschehens erläutert. Langweilige Terminberichterstattung im neuen Design überzeugt hingegen die Leser nicht.

Die Marke zu stärken und zu modernisieren. Immer mehr Verlage denken nicht mehr in einzelnen Medien, sondern in Marken. Der Relaunch kann dazu dienen, die Markenidentität zu stärken. Dazu ist es notwendig, in den Redaktionen ein Markenbewusstsein zu etablieren, was umfangreiche strukturelle Maßnahmen im Unternehmen erforderlich machen kann. Markenidentität spielt natürlich bei Kundenmagazinen die entscheidende Rolle. Hier dient der Relaunch dazu, das moderne und positive Image des herausgebenden Unternehmens zu unterstreichen. Ein piffiges Kundenmagazin trägt schließlich bei den Lesern zum Image des Unternehmens bei.

Wir hoffen, dass unseren Lesern am Ende dieses Buches eines klar geworden ist: Ein Relaunch ist ein mutiges und spannendes Unterfangen. Wenn man ihn richtig anpackt, haben alle Beteiligten nicht nur Stress, sondern auch Spaß dabei. Sobald jedoch das neue Produkt beim Leser ist, mögen die Redakteure, Verleger, Marketingleute und Vertriebsmitarbeiter anfangen, sich die ersten Gedanken über den nächsten Relaunch zu machen.

Literatur

Brielmaier, Peter; Wolf, Eberhard: Zeitungs- und Zeitschriftenlayout (Praktischer Journalismus) (UVK 2000)

Brüser, Stephan: Das Tabloid-Format. Ein neuer Trend auf dem Zeitungsmarkt (Verlag Dr. Müller 2007)

Haller, Michael: Zeitungsformate. Akrobaten ohne Netz. In: Message 3/2009

Kranz, Alexander; Stiller, Ricarda: News-Sites. Design und Journalismus. (Springer 2003)

Krug, Steve: Don't make me think! Web Usability. Das intuitive Web (Mitp 2006)

Nielsen, Jakob; Loranger, Hoa: Web Usability (Addison-Wesley 2008)

Index

A
Antiqua-Schriften 120
Anzeigenkunden 36, 41-42, 46, 72-74, 164, 188, 189

B
Bildunterschrift 34, 36, 54, 66
Blickverlauf 13
Blog 19, 65, 147, 201
Buch (Zeitungs-) 7, 13, 66, 76, 83, 95-96, 113, 131

D
Darstellungsformen 11, 17, 20-27, 36, 39, 45, 55, 60, 84, 14-145,
Dramaturgie 5, 59, 72, 112, 115-116, 146, 150
Dummy 58, 59, 60, 134, 138

E
Editorial 6, 50, 56-58, 77, 79, 151, 162, 163, 176, 177, 215
Emotionalisierung 77

F
Fachverlage 10, 37, 51
Fachzeitschrift 11-15, 25, 30-37, 42, 46, 51-54, 70, 76
Farbleitsystem 55, 128, 166
Fließtext 6, 122, 125, 175-177, 180
Fokusgruppen 30-32, 38-40
Formate 114
Fragebogen 28, 29
Funktionalität 5, 10, 79

G
Google 16, 19, 37, 46, 47, 73, 196, 206-207, 215

I
Inhaltsverzeichnis 6, 56-58, 94, 150-151, 162-164, 167, 170, 176
Initial 178

K
Kästen 56, 96, 117, 123, 124, 127, 131, 151, 179, 180, 185
Küchenzuruf 5, 65, 67, 68, 165, 174
Kurztexte 5, 36, 54, 58, 64, 167

L
Leseverhalten 5, 12, 13, 112, 188, 212

M
Marktforschung 11, 25, 30, 60, 133-134, 138, 208
Medienrezeption 5, 12, 16
Medienwandel 7, 27

N
Nutzen/Nutzwert 15, 27-39, 40-46, 54, 70, 95, 176, 184

P
Page Impressions 14, 32, 37, 217
Push-Informationen 19

Q

Qualität 5, 16-17, 26-27, 34- 39, 50-54, 115, 145, 158, 170, 181, 212, 216-217
Qualitätskriterien 19, 22, 31
Quotes 130, 179

R

Raster 6, 57, 110, 123, 124, 142
Readerscan 13, 14
Redesign 10, 11, 16, 25
Relaunchworkshop 25, 33, 55, 161, 176
Repositionierung 12, 25, 152, 157

S

Schrift 81, 118-123, 142, 145, 146, 154, 162, 177-181, 198
Schuppung 155-156
Serifenschriften 120, 123
Sinus-Milieus 44, 45, 80
Spaltenbreite 109-110, 119, 125
Specialinterest-Magazine 15, 39
SWOT-Analyse 36-38

T

Titelkopf 58, 88, 153-154
Titelseite 6, 56-58, 83-85, 91, 115, 117, 152, 156-160, 164, 171, 176
Titelzeile 159
Typografie 185, 186

U

Überschrift 14, 36, 54, 64, 65-71, 89-90, 111, 117, 165, 175, 180, 197-199, 201-202
Umfragen 17, 29, 32, 85
Usability 14, 50, 54, 79, 195, 199, 208

V

Verständlichkeit 21
Vorspann 34-36, 50, 54, 64-66, 68, 89, 91, 110-112, 119, 131, 148, 175, 180

Z

Zielgruppe 12, 26-27, 29-31, 39, 42, 44, 47, 54, 77, 80,-81, 145, 160, 185, 188, 216
Zwischenzeilen 122, 130

Weiterlesen

Praktischer Journalismus

Claudia Mast (Hg.)
ABC des Journalismus
Ein Handbuch
11., überarbeitete Auflage
2008, 700 Seiten
45 s/w Abb., gebunden
ISBN 978-3-86764-048-0

Michael Haller
Recherchieren
7. Auflage
2008, 338 Seiten, broschiert
ISBN 978-3-89669-434-8

Jürg Häusermann
Journalistisches Texten
Sprachliche Grundlagen für
professionelles Informieren
2., aktualisierte Auflage 2005,
220 Seiten, broschiert
ISBN 978-3-89669-463-8

Markus Reiter
Überschrift, Vorspann, Bildunterschrift
2., völlig überarbeitete und erweiterte Auflage
2009, 170 Seiten
30 s/w Abb., broschiert
ISBN 978-3-86764-148-7

Volker Wolff
**ABC des Zeitungs- und
Zeitschriftenjournalismus**
2006, 374 Seiten, broschiert
ISBN 978-3-89669-578-9

Klicken + Blättern

Leseprobe und Inhaltsverzeichnis unter

www.uvk.de

Erhältlich auch in Ihrer Buchhandlung.

UVK Verlagsgesellschaft mbH

Weiterlesen

PR Paxis

Daniel Marinkovic
Die Mitarbeiterzeitschrift
2009, 200 Seiten
30 s/w Abb., broschiert
ISBN 978-3-86764-126-5

Kurt Weichler, Stefan Endrös
Die Kundenzeitschrift
2005, 238 Seiten, broschiert
ISBN 978-3-89669-376-1

Claus Hoffmann, Beatrix Lang
Das Intranet
2., überarbeitete Auflage
2008, 198 Seiten
30 s/w Abb., broschiert
ISBN 978-3-86764-081-7

Peter Szyszka, Uta-Micaela Dürig (Hg.)
Strategische Kommunikationsplanung
2008, 256 Seiten
16 s/w Abb. und 52 farb. Abb., broschiert
ISBN 978-3-86764-052-7

Melanie Huber
Kommunikation im Web 2.0
2008, 226 Seiten
60 farb. Abb., broschiert
ISBN 978-3-86764-034-3

Klicken + Blättern

Leseprobe und Inhaltsverzeichnis unter

www.uvk.de

Erhältlich auch in Ihrer Buchhandlung.

UVK Verlagsgesellschaft mbH